28式综合太极拳

张山 等／主编

北京体育大学出版社

策划编辑：曾　莉
责任编辑：曾　莉
责任校对：张志富
版式设计：高文函

图书在版编目（CIP）数据

28 式综合太极拳 / 张山等主编 . -- 北京：北京体育大学出版社，2021.12（2022.10 重印）
（28 式综合太极拳（械）丛书）
ISBN 978-7-5644-3514-1

Ⅰ . ① 2… Ⅱ . ①张… Ⅲ . ①太极拳—基本知识
Ⅳ . ① G852.11

中国版本图书馆 CIP 数据核字（2021）第 261850 号

28 式综合太极拳
28 SHI ZONGHE TAIJI QUAN

张山　等　主编

出版发行：	北京体育大学出版社
地　　址：	北京市海淀区农大南路 1 号院 2 号楼 2 层办公 B-212
邮　　编：	100084
网　　址：	http://cbs.bsu.edu.cn
发 行 部：	010-62989320
邮 购 部：	北京体育大学出版社读者服务部 010-62989432
印　　刷：	北京瑞禾彩色印刷有限公司
开　　本：	710mm×1000mm　　1/16
成品尺寸：	170mm×240mm
印　　张：	6.75
字　　数：	126 千字
版　　次：	2021 年 12 月第 1 版
印　　次：	2022 年 10 月第 2 次印刷
定　　价：	45.00 元

（本书如有印刷质量问题，请与出版社联系调换）

版权所有·侵权必究

《28式综合太极拳》编委会

主　　编：张　山　黄康辉　苏长来　刘玉强　马玉柱　张庆伟

副 主 编：刘宝玉　冯天禹　李乘伊　洪　丽　张凤君　栾玉香　武　霞
　　　　　周　亮　刘述来　周青泉　张保忠　周素珍　赵全会　黄　丽
　　　　　皮传琼　王俊英　杨伟丽　张寿林　洪日镜　胡春泉　周宣帅
　　　　　谢宗明　姜　伟　张保国　李　惠　袁飞龙　朱　虹　王海燕
　　　　　李宪勤　董晓梅　蒋蕴华　张保杰　顾家富　张勇涛　顾家英
　　　　　刘　利　韩建春　王建华　王晓丹　张　燕　徐理考

编　　委：（排名不分先后）
　　　　　马延凯　王卫东　王连洪　王林军　北上一义　市原正弘
　　　　　司晟宇　西泽正敏　毕　纯　刘国昌　刘金凤　刘钟程
　　　　　刘晓丽　刘家平　刘汝耀　刘喜堂　刘德利　许玉奇　纪德全
　　　　　苏　玥　杜文玲　李平和　李　民　李兆菊　李金杰　李淑香
　　　　　李富山　李　强　杨代弟　吴荷娣　吴德海　何万成　张玊峰
　　　　　张　峥　张保生　张院丁　张　祥　张景栋　张　嵘　陈政富
　　　　　周茂来　周炳华　庞苏亮　郑月军　郑　军　赵　辉　胡建勋
　　　　　柏尾悦子　是恒悦子　侯楷炜　姜夏洪　都明成　莫健武
　　　　　徐希昌　郭兆昌　郭　亮　唐淑城　宰宪黎　黄文彬　黄　翊
　　　　　黄慧贞　曹玉祥　崔满意　董少伟　董振平　蒋庆坤　韩华滨
　　　　　童　飞　曾松平　温立群　谢　浩　管恩峰　颜发展

编辑工作：王海燕　张保国　王建华　周　亮　李春松

技术演示：曹玉祥　刘　辉　王丁虹

28式综合太极拳第一次编委会会议（2016年11月北京）

28式综合太极拳第二次编委会会议（2017年1月河北固安）

28式综合太极拳第三次编委会会议（2017年4月北京）

前 言

太极拳深受人民群众的喜爱，它有丰富的哲理、独特的运动形式、深邃的文化底蕴和显著的健身效果，吸引着国内外越来越多的习练者。特别是21世纪以来，在快节奏的现代生活中，人们渴望拥有和谐的生活、健康的体魄，太极拳运动是实现这一愿望的首选。1998年9月，为纪念邓小平同志题词"太极拳好"20周年，以及中国武术协会成立40周年，中国武术协会在天安门广场举行了万人太极拳大合练。太极拳的推广和普及为全民健身提供了良好的条件。可以看到，从乡村到城市，从中国到世界各国，到处都可以看到众多的太极拳习练者。据不完全统计，全国长期习练太极拳的人口约4000万，目前有150多个国家和地区开展了太极拳运动，世界上习练太极拳的人数超过1.5亿人。美国《时代》杂志将太极拳称为"全球一亿五千万人练习的完美运动"。可见太极拳是大家喜爱的有氧、长寿运动，它给人们带来的是身心俱健的福祉。为推动太极拳的普及与提高，适应当今比赛的要求，丰富大众普及健身套路的内容，我们以杨式太极拳为基础，继承吸收陈式、吴式、武式、孙式太极拳中有代表性和难度适中的动作，编写了"28式综合太极拳"。此套路分为4段，动作数量、演练时间，比"42式太极拳竞赛套路"有所减少，套路的动作和结构有些变化，也符合2012年中国武术协会审定的《传统武术套路竞赛规则》对比赛时间的要求。在编写过程中，感谢武术界的朋友给予的关心和热情支持。尽管我们很努力，但书中难免有不妥之处，恳请广大武术爱好者指正。

28式综合太极拳（械）丛书编委会

目 录
CONTENTS

一、太极拳源流简介 ··· 1

二、新中国成立后太极拳运动的开展 ··· 3

三、太极拳的生理保健作用 ··· 13

四、28式综合太极拳基本技术要领 ··· 16

五、28式综合太极拳动作图解 ··· 30

六、太极拳礼仪 ·· 85

附录：《传统武术套路竞赛规则》 ·· 87

一、太极拳源流简介

"太极"一词，源于《周易·系词》："易有太极，是生两仪。"意即：太极是产生万物的本源，含有至高、至极、绝对、唯一之意。太极拳的取义也是这个意思。太极拳，武术拳种之一。太极拳早期名称也不统一，直至清乾隆年间山西王宗岳著有《太极拳论》一书，此为"太极拳"名称最早的文字记载，太极拳这个名称才确定下来。太极拳的起源，历来有种种说法。

（1）唐代（8世纪中期）许宣平、李道子所创。

（2）宋徽宗时（12世纪）武当山张三峰夜梦玄武大帝授拳，创编了太极拳。

（3）元末明初（14世纪）武当山道士张三丰所创。

（4）明初（14世纪）陈卜创编。

（5）明末清初（17世纪）的陈王廷（1600—1680）创编。

经中国武术史学家唐豪先生研究证实，太极拳最早传习于河南温县陈家沟陈姓家族中，创编人为陈王廷。他是陈氏始祖陈卜第九世孙，自幼习文练武，文武兼备，是一位很有创见的武术家。

太极拳的文化内涵主要来源有3个。

（1）吸收了明代各家拳法之长，特别是汲取了戚继光的32式长拳之精华。

（2）结合了古代导引、吐纳之术，如太极拳讲究意念导引、气沉丹田，讲究心静体松、重在内壮，被称为"内家拳"之一。

（3）运用了中国古典唯物哲学的阴阳学说和中医基本理论的经络学说，成为内外兼修的拳术。

太极拳经过300多年的流传衍变，发展出许多流派，其中流传较广、特点较明显的有陈、杨、吴、武、孙等流派。近期随着研究的深入，也有专家、学者将赵堡太极拳、和式太极拳列为太极拳主要流派。各种流派太极拳各有自己的特点，自成体系。各流派太极拳间虽然在套路动作风格等方面各有不同，但它们之间仍保持着基本相同的技术要求和运动特点。在身体姿势方面要求虚领顶劲、含胸拔背、松腰敛臀、圆裆松胯、沉肩垂肘、舒指坐腕、尾闾中正；在动作运转路

线方面，均要求弧形圆转、连贯圆活等；在动作速度和劲力上，要求以柔和缓慢为主，速度适宜。在整体上，要求以意导体，以体导气，意、气、体三者协调配合。在技击方面，要求刚柔相济。各式太极拳，除拳术套路外，又各有器械套路和推手内容。

太极拳运动，因其富有独特韵味和较深的哲理，对强身健体、预防疾病等均有良好的作用，所以越来越受到世界各国人士的喜爱，使他们受益匪浅。太极拳运动为增进人的健康长寿发挥着越来越大的作用。

二、新中国成立后太极拳运动的开展

武术是中华民族宝贵文化遗产之一。作为武术运动的重要项目，太极拳是一个古老的体育文化，具有独特风格特点，动作柔和、舒缓，连绵不断，易学易练，运动量适中，具有强身健体、防身自卫、祛病延年等功效。太极拳的风采和健身功能，不但在国内受到欢迎，也越来越受到国外人士的喜爱，它被称为"健身之宝、长寿之宝、青春不老之宝"，是终身受益的运动。

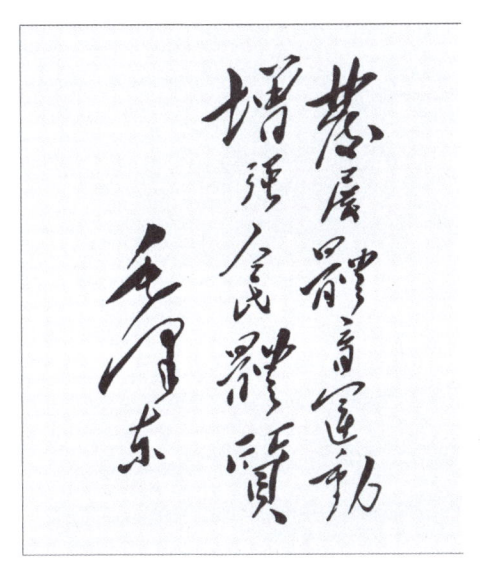

1952年6月10日，毛泽东主席为中华全国体育总会第二届代表大会写了"发展体育运动，增强人民体质"的题词

（一）毛泽东主席题词："发展体育运动，增强人民体质"

1952年6月10日，毛泽东主席为中华全国体育总会第二届代表大会的召开题词了"发展体育运动，增强人民体质"。1960年，毛泽东主席在《中共中央关于

卫生工作的指示》中指出："凡能做到的都要提倡：做体操、打球类、跑跑步、爬山、游泳、打太极拳及各种各色的体育运动。"这为新中国的体育事业发展奠定了重要的思想基础，也为全民健身的发展指明了方向。

（二）首届全国民族形式体育表演及竞赛大会举行

1953年，国家体委专门设置了民族体育研究会。时任国家体委主任贺龙同志提出了"发掘、整理、提高、发展、光大"的武术工作方针，对武术的发展具有重要的指导意义。

1953年11月8日至12日，中央决定在天津举办新中国成立后第1届"全国民族形式体育表演及竞赛大会"，武术作为大会的主要表演项目，主要目的是检阅民族体育运动在全国开展的成就，为今后研究整理和推广民族体育运动打下良好的基础。虽然是第一次举办这样的大会，但参加的单位有6大行政区和火车头体协等7个单位，10多个民族近400名运动员，进行了武术、摔跤、举重、拳击、击剑、马球、射箭、舞狮、杂技等精彩表演和比赛。武术是这次大会的主要内容，有145名运动员做了332个项目的表演，仅拳术就有少林拳、太极拳、八卦掌、通臂拳、螳螂拳等139项。此外，还有器械、对练、散手、短兵等，充

1953年11月8日至12日，在天津举行全国民族形式体育表演及竞赛大会

分展示了传统武术的丰富多彩，大约有12万人观看了比赛和表演，产生了深远的社会影响。会后，组织了一个精选武术团赴京到中南海怀仁堂表演，受到国家领导人的热烈欢迎和好评。

（三）简化太极拳的创编

1954年，国家体委设立了武术研究室，制定了"挖掘、整理、研究、提高"的方针，决定先从太极拳开始，编写简明统一的教材，在全国普及和推广。1954年组织了专家创编，参加成员有吴图南、陈发科、高瑞周、田镇峰、李天骥、唐豪等，以及各派太极名家，商讨编写了精简太极拳初稿，内容包含了各个门派的一些主要动作，但因套路设计难度太大，不利于群众普及和推广，初稿未被采用。

1955年，国家体委邀请毛伯浩、李天骥、唐豪、吴高明、李经梧等同志重新编写太极拳套路。经多次研究讨论，决定以国内流传范围和适应性最广的杨式太极拳为依据，本着大众健身易学、易记、易教的原则，选择杨式太极拳中的主要内容，保留传统风格及技术要领，编写了《简化太极拳》，于1956年出版发行。这是新中国第一部由国家主管部门审定的武术教材，由于全套只有24个动作，人们又称为"二十四式太极拳"。

现在简化太极拳已传遍五大洲众多国家和地区，成为各国太极拳爱好者乐于接受的入门套路。1990年在北京举办的第11届亚洲运动会开幕式上，中日两国1400多名太极拳爱好者，共同进行了简化太极拳联合表演，其中日本有3位70岁

1990年，第11届亚运会中日太极拳爱好者表演太极拳（北京）

以上的老人参加了表演。这表明，太极拳不仅是今天的健身运动，更是明天的健身运动。1998年为纪念邓小平同志题词"太极拳好"20周年和中国武术协会成立（1958年9月）40周年，在天安门广场举行了万人太极拳大合练。太极拳的普及推广，为全民健身提供了良好条件。

（四）48式太极拳的创编

为了进一步满足广大太极拳爱好者的需要、丰富太极拳的内容、提高技术水平，国家体委运动司武术处于1976年4月邀请了门惠丰、李德印、王新武等太极拳名家，创编了48式太极拳。将24式太极拳的动作增加了1倍，并在套路的难度上有所提高。通过审核后，于1977年由人民体育出版社出版发行。48式太极拳作为24式太极拳的继续和提高，增加了技术内容，加大了套路难度和运动量，风格上也有一定发展。它仍以杨式太极拳为基础，同时也吸收了其他流派太极拳的一些动作和练法，从而形成了内容充实、舒展圆活、均衡全面、编排合理的拳路风格，进一步推动了太极拳的普及与提高。

（五）首届全国太极拳（剑）比赛举行

1984年6月，中国武术协会派中国武术代表团一行19人，参加由中日友好协会主办的"第一回全日本太极拳中国武术表演大会"的裁判工作，这是第一支派出担任国外武术比赛的裁判队伍，也是中国《武术竞赛规则》在国外比赛中的第一个执行者。这次比赛中，日方参加太极拳比赛的选手有232人，参加太极剑、太极刀比赛的选手有54人，参加太极拳的项目有杨式、陈式、武式、孙式、24式、48式、88式等。通过这次大会，我们看到了日本太极拳普及之快、水平之高、群众之广。这件事深深地触动了代表团，在回国汇报后，引起了国家体委的重视。

为了推动国内太极拳的普及和提高，1985年开始，首先在全国武术比赛中，对各队参加太极拳比赛的人数做了规定，增加了太极拳比赛人数。同年4月22日至25日在湖北武汉举行了"武汉国际太极拳（剑）表演观摩会"，中国武术协会主席黄中为大会写了"交流技艺，增加友谊"的题词。参加比赛的有加拿大、中国、日本、美国、法国、新加坡等国家的12个民间武术团体，对国内外太极拳的普及和推广产生了良好的影响。法国太极拳协会主席、巴黎退休问题研究所所长顾先生，在观摩学习后说："我们一直研究老年人问题，希望找到一个办法，使退休的老年人在精神上有所寄托，在身体上保持健康，后来我们找到了太极拳。"

1985年9月，经国家体委批准，在哈尔滨市举行"全国太极拳邀请赛"，来自全国10个省市40多名太极拳选手参加了比赛。在这次邀请赛中，不但参加的人数少，而且有的项目很少有人参加，比如：孙式太极拳只有2人参加；而武式太极拳只有1人参加，没有录取名次，只做了大会表演。这次大会后，张山先生向国家体委做了专题汇报，并建议将太极拳列入全国单项比赛。1986年4月，在全国武术遗产挖掘整理座谈会上，国家体委主任李梦华说："我国目前开展着四五十个体育项目的活动，其中包括武术。可以这样统计体育项目的数字，但这并不标志着武术位置是四十分之一或五十分之一，可以说它在体育中应占一半的位置。"这是辩证的论断，颇能启发人们的思考。由于国家体委重视，从1986年开始，每年举行"全国太极拳（剑）比赛"。从此，推动了太极拳运动的发展。

（六）"五式"（杨、陈、吴、孙、武）太极拳的创编

为了适应和规范国内外太极拳的比赛交流，1988年，国家体委武术运动管理中心邀请张文广、张山、门惠丰、李秉慈、阚桂香、计月娥等专家、教授，创编了杨、陈、吴、孙"四式"太极拳竞赛套路，并组织了太极拳名家进行技术审核，参加的人员有蔡龙云、李天骥、张继修、杨振铎、孙剑云、周元龙、邵善康、冯志强、陈小旺、李德印、程相贤、张永安、曾乃梁、李承祥、冯如龙等。

技术审核主要按照编写"四式"太极拳时提的3点要求进行。

1. 注意保留传统项目的风格特点和技术要领，不失其传统性。

2. 要以人体生理特点为依据，有利于身心健康的全面发展，符合现代体育的科学性。

3. 套路要有一定的难度，符合现在竞赛规则的要求，通过比赛，促进技术水平的提高，体现竞技性。

"四式"太极拳通过技术审核后，于1989年6月由人民体育出版社出版。此

后，多次举办全国教练员培训班，在全国普及和推广"四式"太极拳竞赛套路，并将"四式"太极拳竞赛套路列为"全国太极拳（剑）比赛"的内容。

1995年，国家体委武术运动管理中心又组织专家创编了武式太极拳竞赛套路，创编组成员有张山、门惠丰、李德印、赵顺田、石城乡、洪丽、钟振山、阚桂香、徐伟军、翟维传、程凤翔、计月娥、李自立等；技术审核组成员有张文广、张继修、夏柏华、吴彬、孙剑云、马春喜、李承祥、邱建华、陈占奎、李秉慈、张希贵、李光藩、王慕吟、周荔裳等。通过技术审核后，图书于1997年由北京体育大学出版社出版发行。此后，多次举办的全国教练员培训班，推动了武式太极拳竞赛套路的普及与提高。1997年9月，沈阳市还举行了"金环杯"全国武式太极拳邀请赛。武式太极拳竞赛套路也被列为全国太极拳（剑）比赛的项目之一。

"五式"（杨、陈、吴、武、孙）太极拳竞赛套路的诞生，是太极拳运动发展史上的一件盛事、喜事，不仅能全面锻炼身体，同时，由于套路动作数量、组别、时间均符合竞赛规则要求，适于在同等条件下进行比赛，这对国内外太极拳运动的发展起到了积极的推动作用。

（七）42式太极拳（剑）竞赛套路的创编

1989年，中国武术协会为规范太极拳比赛，又组织了太极拳名家和部分优秀运动员，创编了42式太极拳竞赛套路。参加成员有：门惠丰、计月娥、张山、李天骥、李德印等。在创编套路过程中，参阅了大量材料，听取了各方面专家的意见，汲取了传统太极拳的精华。42式太极拳竞赛套路内容充实、风格突出、动作规范、布局合理，同时增加了套路的难度。动作的数量、组别、时间均符合当时竞赛规则的要求。图书于1989年6月由人民体育出版社出版发行。

经中国武术协会研究决定，42式太极拳竞赛套路作为1990年北京第11届亚运会和1991年第1届世界武术锦标赛太极拳比赛的规定套路。此后，不仅列入了全国太极拳（剑）比赛项目，而且在许多国际性比赛中均列为比赛项目。

根据当时社会的呼吁和要求，1991年11月，中国武术协会又组织了太极剑竞赛套路的创编工作，成员有张继修、张山、李秉慈、曾乃梁、阚桂香、计月娥

新中国成立后太极拳运动的开展

等。技术审核组成员有张文广、李天骥、孙剑云、蔡龙云、门惠丰、王培生、李德印、杨振铎、夏柏华、吴彬、邵善康、乔熛、冯如龙、王二平等。图书于1992年4月由人民体育出版社出版发行。同时还出版了由高佳敏、王二平演练的音像制品，受到了国内外太极拳爱好者的欢迎和好评。

1993年，国家体委颁布了《太极拳、剑竞赛规则》，使全国太极拳、剑的发展进入了新的阶段。全国太极拳、剑比赛自1986年正式单列比赛项目以来，至1993年，先后在太原、孝感、桂林、昆明、休宁、北京、锦州、漳州举行了8次比赛，培养了一支实力雄厚的太极拳队伍。

1996年第2届世界太极修炼大会（北京）

1998年10月15日，纪念邓小平"太极拳好"题词20周年，暨中国武术协会成立40周年，在天安门广场举行了万人太极拳表演

2001年，以"科学、健身"为主题，以"和平、友谊"为目标的首届世界太极拳健康大会，在海南三亚市举行，20多个国家和地区的5000多名太极拳爱好者参加

（八）举办世界太极拳健康大会

　　中国武术协会继续贯彻落实全民健身计划，实施太极拳健康工程，助力健康中国建设。2001年在海南三亚举办了首届"世界太极拳健康大会"。李岚清致大会贺信："太极拳源于中国古代，是中华民族自我锻炼、强身健体、修身养性的优秀文化遗产。作为一种传统体育项目，它不仅具有健身价值，还体现了和谐的东方哲学思想，显示出经久不衰的生命力，具有中国传统文化独特的魅力，太极拳已为越来越多的人所钟爱，外国朋友也通过太极拳进一步了解中国。"此后，2005年在海口举办了第2届、2010年在杭州举办了第3届世界太极拳健康大会。从第3届开始，规定每两年举行一次，成为中国武术协会一项传统的赛事活动。2012年在湖北十堰举行了第4届、2014年在浙江萧山举行了第5届。第6届、第7届均在广东佛山举办。

　　"世界太极拳健康大会"以"弘扬太极，健康世界"为主题，以传播中华文明、健康世界人民为宗旨。举办7届大会以来，已有一万多人参加大会。据不完全统计，全国习练太极拳的人口约5000万，仅焦作、邯郸、成都3个城市就超过500万。

　　太极拳，不仅在国内具有超高的人气，而且已经引起国际朋友与领导人的兴趣。2009年时任美国总统奥巴马在众议院国会咨文上，第一次将发源于中国的太极拳运动定义为世界上最完美的有氧运动，并倡导美国社会和公民大力推广和学习太极拳。前俄罗斯总统叶利钦因身体肥胖，练起了太极拳。坚持了几个月之后，他逢人就说："我现在感觉好极了"。

美国《时代》杂志将太极拳称为"全球一亿五千万人练习的完美运动"。美国国家航空和宇航局的专家，经过研究发现，太极拳是宇航员适应空间运动最好的运动方式。因为诸如跑步、游泳、自行车运动、跳绳等所产生的健身功效，太极拳都具备。为此他们把太极拳列为宇航员定期训练的项目。

孔子学院总部2016年9月在昆明召开的中医、太极拳等中华文化对外交流座谈会上公布，2016年全球78个国家240多所孔子学院开设了中医、太极拳等中华文化课程。2005年焦作被中国武术协会授予"太极圣地"称号。此后，焦作市倾力打造太极圣地，构建太极拳传承体系，加快太极拳的普及和推广，促进太极文化持续传承。2019年9月焦作已成功举办了10届"中国焦作国际太极拳交流大会"。目前，焦作已建立了全市性的太极拳协会和研究会40多个。

2012年国际武术联合会决定，将太极拳项目单独立项举办"世界太极拳锦标赛"。2014年11月，"首届世界太极拳锦标赛"在四川都江堰市举行，这是世界上最高级别的太极拳单项比赛。在项目、规则的设置上进行了很多新的尝试，使比赛更加公平、公正。

中国武术协会为形成太极拳竞技交流的赛事平台，重点打造"世界太极拳健康大会""邯郸国际太极拳运动大会""焦作国际太极拳交流大会"，通过3个大型国际太极拳系列品牌赛事的举办，不断扩大太极拳的国际影响力，树立太极拳文化的世界品牌。

2017年第13届全运会，根据《中华人民共和国第13届运动会群众比赛项目竞赛规程》的精神，各单位通过广泛开展全面健身赛事活动，扩大参与面，更好地带动全民健身活动的广泛开展，使全民健身理念深入人心。第13届全运会增设了19个群众比赛项目，在天津进行总决赛。将太极拳公开赛在天津决赛的项目规定为：陈式太极拳56式、杨式太极拳40式、吴式太极拳45式、武式太极拳46式、孙式太极拳73式、24式太极拳。第13届全运会增加了太极拳比赛的设项和比赛的奖牌，这是全运会改革的重大举措，体现了"全民全运、健康中国"的办赛理念。这也是贯彻落实《"健康中国2030"规划纲要》中明确提出的要扶持推广太极拳等民族、民俗、民间传承运动项目的具体措施。

28式综合太极拳

2020年12月17日，在牙买加首都金斯顿召开的联合国教科文组织《保护非物质文化遗产公约》缔约国政府间委员会年度会议，对57个国家和地区申报的50个非物质文化遗产项目进行评审。经过评审投票，通过了将太极拳列入《人类非物质文化遗产代表作名录》。申遗成功扩大了太极拳运动的影响力，推动了在国内外进一步推广，太极拳运动推动了人与人之间和谐共处，对提高人民的健康意识，促进身心健康，让更多人共享健康和快乐，发挥更大的作用。

太极拳作为中华民族优秀的传统文化和武术中具有代表性的拳种，历来都得到了党和国家领导人的高度重视。国家提出的"全民健身国家战略"以及"健康中国"，都为太极拳的发展提供了良好的机遇和广阔的发展空间。

三、太极拳的生理保健作用

实践证明，太极拳是一种健身与预防疾病的有效手段，除增强体质外，也可辅助调理高血压病、心脏病、糖尿病等，它已被应用到体育医疗中。史料证明，我国是最早应用体育健身和防治疾病的国家。在我国最老的医学经典著作《黄帝内经·素问》中就曾这样提过："其病多痿厥寒热，其治宜导引。"1800多年以前，华佗曾编创了"五禽戏"作为健身运动，他的理论是："人体长动摇则谷气消，血脉通，病不生，人犹户枢不朽是也。"这都说明体育在防病和治病中有积极的意义。习练太极拳除全身各个肌肉群、关节需要活动外，还要配合深呼吸与横膈运动，特别要求练习者在打拳时，尽量做到"心静"以及精神贯注，这样，就对中枢神经系统起了良好的影响，从而为其他系统与器官机能的活动和改善打下了良好的基础。

（一）对神经系统的影响

根据近年来生理学的发展，特别是许多生理学家对中枢神经的研究，我们进一步地认识了中枢神经系统对人体的重要作用。神经系统，尤其是它的高级部分，是调节与支配所有系统与器官活动的枢纽。人类依靠神经系统的活动，适应外界环境并改造外界环境。人类靠神经系统的活动，使人体各个系统与器官的机能活动按照需要统一起来。因此，任何一种锻炼方法，如果能增强中枢神经系统的机能，对全身来说，就有很好的保健作用，太极拳的优越性就在于此。

练太极拳要求"心静"，注意力集中，并且讲究"用意"，这些对大脑有良好的锻炼作用。此外，从动作上讲，练习太极拳时，动作要"完整一气"，由眼神到上肢、躯干、下肢，要协调一致，绵绵不断。由于某些动作比较复杂，更需要有良好的支配和平衡能力。因此，太极拳练习需要大脑在紧张的活动下完成，从而提高中枢神经系统的紧张度，促进其他系统与器官的活动能力，加强大脑机能的调节作用。

太极拳是"有氧运动"的典范。在运动全过程中，从不欠氧，并以特有的锻炼形式和呼吸方法，使体内氧得到补充，为行拳中放松僵硬的肢体和紧张的情绪，提供了身心支持与保证。经常练习太极拳的人都会有周身舒适、精神焕发、反应灵敏的感觉，这些都是练拳的人情绪提高和兴趣浓厚的原因。情绪的提高在生理上有重要意义，它可以使各种生理机能活跃起来。对某些慢性病患者来讲，情绪的提高更为重要。这些都充分说明了练习太极拳对中枢神经系统的改善有良好的作用。

（二）对心血管系统及呼吸系统的影响

太极拳对心血管系统的影响，是在中枢神经活动支配下发生的。就太极拳动作组成来说，它包括了各组肌肉、关节的活动和有节律的呼吸运动，特别是横膈运动。因此，它能加强血液及淋巴的循环，是减少体内淤血的良好办法。

众所周知，全身各种骨骼肌的周期性收缩与舒张，可以加强静脉的血液循环，肌肉的活动保证了静脉血液回流。呼吸运动同样也能加速静脉的回流。比如，吸气时胸廓的内容积增大，内部的负压增高，导致上下腔静脉的压力减低，静脉回流加速。这一点在练习太极拳的过程中表现得非常明显。由于太极拳运动有意识地使呼吸与动作自然配合，增强了通气功能，呼吸效果就会增加，也会更好地加速血液与淋巴的循环。

练习太极拳时，要求气向下沉，即"气沉丹田"，这是一种横膈呼吸，它在医疗与保健中都有很好的作用。我们说太极拳是"内练一口气，外练筋骨皮"，太极拳是通过练有形之身，得无形之气，而气的重要作用就在于"内强五脏和六腑"。膈肌与腹肌的收缩与舒张，使腹压不断改变，腹压增高时，腹腔的静脉受到压力的作用，把血液输入右心房；相反，当腹压减低时，血液则向腹腔输入。这样，呼吸运动就可以改善血液循环的状况，加强心肌的营养。此外，横膈的运动又可以对肝产生有规律的按摩作用，是消除肝淤血、改善肝功能的良好方法。所以，练习太极拳可以提高中枢神经系统的调节机能，改善体内器官之间的协调活动，使迷走神经紧张增高，各器官组织供血、供养充分，物质代谢也得到改善，可以使心脏冠状动脉供血充足，心脏收缩有力，血液动力过程良好，对预防心脏病及动脉硬化等疾病有良好的作用。2015年9月，一项发表于《英国运动学》杂志的回顾研究表明，太极拳对于治疗癌症、骨关节炎、心脏衰竭和慢性阻塞性肺疾病等有较好的辅助作用。

（三）对骨骼及关节的影响

练习太极拳时要求"含胸松腰拔背""腰脊为第一主宰"，说明练太极拳时与腰部活动有着密切的关系。经常练习太极拳，对脊柱的形态和组织结构都有良好的锻炼作用。经常练习太极拳的人脊柱活动较多，驼背的发生率远比一般人低。

老年骨质疏松是一种衰老的退行性变化，产生原因主要是骨组织中成骨细胞不活跃，不能产生骨的蛋白基质，致使骨生长减少，吸收多，骨质变松。骨质疏松就容易产生畸形，关节活动也就不灵活。而练习太极拳要求动作连贯、圆活、周身节节贯穿。因此，练习太极拳对骨质疏松有一定的防治作用。

2020年以来，在抗击新冠肺炎疫情期间，基于钟南山、张伯礼等院士的肯定和推介，加上广大太极拳爱好者的努力，太极拳对"提高免疫力""改善心血管功能"的效果凸显，成为广大群众提高身体素质的重要选项。从这个意义上讲，太极拳又迎来了推广和发展的春天。

综上所述，太极拳是一种合乎生理规律、轻松柔和的健身运动，它对中枢神经系统有良好的影响，加强了心脏、血管与呼吸的功能，能减少体内淤血，改善消化系统功能与体内物质代谢功能。从医学的观点上看，太极拳是一项很好的保健、医疗体育运动，是当代养生健身的首选。

四、28式综合太极拳基本技术要领

（一）手型、手法

1. 手型

（1）拳

四指并拢，向内卷屈，拇指压于中指和食指的第二指节上；拳心向下为平拳，拳眼向上为立拳；拳面要平，拳打出时，手腕也要平。（图4-1、图4-2）

图4-1

图4-2

（2）掌

手指自然伸展，虎口处自然撑圆，拇指稍外仰，塌腕。手指向上，为立掌。（图4-3）

（3）勾手

五指指尖捏拢，屈腕，形成勾手。（图4-4）

图4-3

图4-4

2. 手法

手法，以左势为例。右势动作相同，方向相反。

（1）搂推掌

右手向右后方伸展，臂微屈，掌心向上，掌指斜向右前方，左手在右手内下侧，掌心向下，掌指斜向右；眼看右手前方。（图4-5）

右臂屈肘，右手向内转至右耳侧，掌心斜向前，掌指斜向上，左手向下搂转至腹前，掌心向下，掌指斜向右。（图4-6）

身体稍左转；右手向胸前推按，力达掌心，掌指向上，掌心向前，左手随之向左搂转至左胯前，掌心向下，掌指向前。（图4-7）

图4-5　　　　　图4-6　　　　　图4-7

身体左转；左手顺缠向左转出，臂微屈，掌心向上，掌指斜向左，右手随转体向左转至左肘内下侧，掌心向下，掌指斜向左；目视左前方。（图4-8）

左手屈臂，左手向内转至左耳侧，掌心斜向前，掌指斜向上，右手向下搂转至腹前，掌心向下，掌指斜向左。（图4-9）

身体稍右转；左手向胸前推按，掌心向前，掌指向上，右手向右搂转至右胯前，掌心向下，掌指向前；目视前方。（图4-10）

图4-8　　　　　　　　　图4-9　　　　　　　　　图4-10

（2）抹掌

左臂向左前方伸展，左手掌心向上，掌指斜向前，右手屈臂，手按至腹前，掌心向下，掌指斜向前。（图4-11）

身体右转；右手至左臂上侧，沿左臂上侧向前平抹至右侧前方，掌心斜向右前方，掌指斜向上，左手随身体转动，至右臂内下侧，掌心斜向内，掌指斜向右。（图4-12）

图4-11　　　　　　　　　　　　　　　图4-12

（3）捋手

两手掌型不变，向下、向内收转至腹前，成捋手。（图4-13）

（4）云掌

右手顺缠，掌心翻向上，左手按于右手腕上侧。（图4-14）

身体右转；右手向前、向右上方画弧转出，至右侧前方，掌心斜向上，掌指斜向右前方，左手随右手转动。（图4-15）

图4-13　　　　　　　图4-14　　　　　　　图4-15

（5）架推掌

右手继续向右上方逆缠旋转至额前上方，掌心斜向上，掌指斜向左，左手向下、向左收转至左侧腹前，掌心向下，掌指斜向前。（图4-16）

身体右转；右手不变，左手向胸前推出，掌心向前，掌指向上；目视左手前方。（图4-17）

图4-16 　　　　　　　图4-17

（6）抹掌

右臂向右前方伸展，右手掌心向上，掌指斜向前，左手屈臂，手按至腹前，掌心向下，掌指斜向前。（图4-18）

身体左转；左手至右臂上侧，沿右臂上侧向前平抹至左侧前方，掌心斜向左前方，掌指斜向上，右手随身体转动，至左臂内下侧，掌心斜向内，掌指斜向左。（图4-19）

图4-18 　　　　　　　图4-19

（7）捋手

两手向下、向内收转至腹前，成捋手，掌型不变。（图4-20）

（8）云掌

左手顺缠，掌心翻向上，右手按于左手腕上侧。（图4-21）

身体左转；左手向前、向左上方画弧转出，至左侧前方，掌心斜向上，掌指斜向左前方，右手随左手转动。（图4-22）

图4-20 　　　　图4-21 　　　　图4-22

（9）架推掌

左手继续向左上方逆缠旋转至额前上方，掌心斜向上，掌指斜向右，右手向下、向右收转至右侧腹前，掌心向下，掌指斜向前。（图4-23）

身体左转；左手不变，右手向胸前推出，掌心向前，掌指向上；目视右手前方。（图4-24）

图4-23 　　　　　　　　图4-24

（10）左右金鸡独立

右虚步；同时右手至右膝上方，掌心向前，掌指斜向前下方，左手至左胯前，掌心向下，掌指向前。（图4-25）

右腿屈膝提起，脚尖自然下垂，左腿站直，形成右独立势；同时右臂屈肘，右手顺缠转至右肩前，掌心斜向上，掌指斜向后，左手不变；目视前方。（图4-26）

左虚步；同时左手至左膝上方，掌心向前，掌指斜向前下方，右手至右胯前，掌心向下，掌指向前。（图4-27）

左腿屈膝提起，脚尖自然下垂，右腿站直，形成左独立势；同时左臂屈肘，左手顺缠转至左肩前，掌心斜向上，掌指斜向后，右手不变；目视前方。（图4-28）

图4-25　　　　　图4-26　　　　　　　图4-27　　　　　　图4-28

（11）掩手肱捶

　　右独立势；右手握拳，合于胸前，左手掌按在右拳背上面。（图4-29）

　　身法不变，右脚向下震落，左脚迅速抬起，成左独立势；手法不变。（图4-30）

　　右腿屈膝下蹲，左脚向左前方上步，脚跟着地，脚尖跷起；同时，右拳沿身体向下插拳至左腹前，左手掌沿右前臂上侧转至右肩前。（图4-31）

图4-29　　　　　　　图4-30　　　　　　图4-31

22

左腿屈膝前弓，右腿微屈；同时两手逆缠，随弓步向左右平展，与肩同高，左手掌心斜向左前方，掌指斜向前，右拳心斜向后，拳眼斜向右下方。（图4-32）

重心移向右腿，左腿自然伸展微屈；两手顺缠，右臂屈肘，右拳向内转至胸前，拳眼向外，拳心向右，左手掌心向上，掌指向前。（图4-33）

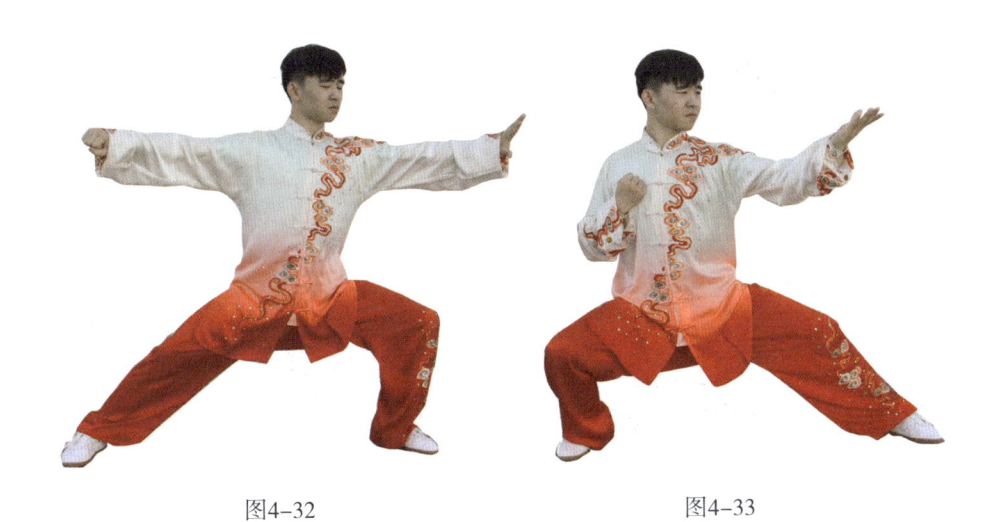

图4-32

图4-33

身体左转，左腿屈膝前弓，成左弓步，右腿微屈；同时，右拳沿左手向前发力打出，拳心向下，臂微屈，左臂屈肘，左手逆缠向内按于腹部；目视右拳前方。（图4-34）

图4-34

（二）步型、步法

1. 虚步

身体正直，右腿屈膝下蹲，左腿向前，前脚掌着地，成左前虚步。右势动作相同，方向相反。（图4-35、图4-36）

图4-35 　　　　　　图4-36

2. 弓步

提起左脚向前上步，随之向前弓膝塌劲，膝关节与脚尖垂直，大腿接近平行，右腿蹬直（微屈），成左弓步。右势动作相同，方向相反。（图4-37、图4-38）

图4-37 　　　　　　图4-38

3. 仆步

右腿屈膝下蹲,大腿与小腿贴紧,左脚向左迈一大步,腿伸直(微屈),成仆步;两手自然伸展。右势动作相同,方向相反。(图4-39、图4-40)

图4-39　　　　　　　　图4-40

4. 跟步

两脚并拢,身体自然直立;肩臂松垂,两手轻贴两腿外侧,头颈正直;两眼平视。两腿屈膝下蹲,提起左脚向前上步,脚跟着地,脚尖跷起。接着,左脚尖落地踏实,屈膝前弓,身体重心前移,随之提起右脚,向前跟步,落在左脚的右后侧,脚前掌着地,脚跟抬起。(图4-41至图4-43)

图4-41　　　　　图4-42　　　　　图4-43

（三）腿法

1. 拍脚

两脚并拢，身体自然直立；肩臂松垂，两手轻贴两腿外侧，头颈正直；两眼平视。（图4-44）

两腿屈膝下蹲；两手交叉合于胸前，左手在内，右手在外。（图4-45）

右腿屈膝提起，左腿站直；手法不变。（图4-46）

右脚向前上方弹出，脚面绷平；同时，左手向前拍击右脚面，右手自然摆至右侧前方，与肩同高。（图4-47）

右腿自然下落后屈膝提起成右独立势；左手随之摆至左侧前方，与肩同高，右手不变。（图4-48）

图4-44　　图4-45　　图4-46　　图4-47　　图4-48

2. 分脚

左腿屈膝提起，脚尖自然下垂；两手交叉合抱于胸前，左手在外，右手在内。（图4-49）

左腿向左前上方弹出，脚尖绷平，高于胸，两腿伸直；同时，两手向左右分展，左手至左腿内上侧，掌心向前，掌指向上，右手与肩同高，掌心斜向右，掌指斜向上。（图4-50）

左腿下落后屈膝提起；两手手型不变，身法不变。（图4-51）

图4-49　　　　　　　图4-50　　　　　　　图4-51

3. 蹬脚

右腿屈膝提起，脚尖自然下垂；两手交叉合抱于胸前，右手在外，左手在内。（图4-52）

右腿向右前上方蹬出，脚尖勾起，力达脚跟，脚尖绷平，高于胸，两腿伸直；同时，两手向左右分展，右手至右腿内上侧，掌心向前，掌指向上，左手与肩同高，掌心斜向左，掌指斜向上。（图4-53）

右腿下落后屈膝提起；两手手型不变，身法不变。（图4-54）

图4-52　　　　　　　图4-53　　　　　　　图4-54

4. 正蹬脚

左脚脚尖外摆，两腿屈膝下蹲，右脚脚跟提起，脚尖着地；同时两手向内收转至腹前，左手稍高于右手，左手掌心斜向右，掌指斜向上，右手掌心斜向前，掌指斜向上。（图4-55）

右腿屈膝提起成独立势，向前上方发力蹬出，高于腰；同时右手向前推出，与肩同高，掌心向前，掌指向上，左手逆缠向上架在头上方，掌心向上，掌指向右。（图4-56、图4-57）

图4-55　　　　　　　图4-56　　　　　　　图4-57

5. 拍脚

两腿屈膝下蹲；两手合抱于胸前，掌心向内，左手在内，右手在外。（图4-58）

右腿屈膝提起，脚尖自然下垂，左腿站直成右独立势；两手不变。（图4-59）

右脚向前上方弹出，腿伸直，脚面绷平；同时，两手逆缠，架至额前上方，向左右分掌，右手拍击脚面，左手转至左侧前方，与肩同高。（图4-60）

图4-58　　　　　　　　图4-59　　　　　　　　　　　图4-60

五、28式综合太极拳动作图解

（一）28式综合太极拳动作名称

第一段
1. 起势
2. 左右平挤
3. 单鞭
4. 白鹤亮翅
5. 左右搂膝拗步
6. 十字拍脚
7. 进步打捶

第二段
8. 倒卷肱
9. 左右野马分鬃
10. 左右穿梭
11. 进步搬拦捶
12. 左蹬脚
13. 转身右分脚

第三段
14. 双峰贯耳
15. 斜飞势
16. 左仆步下势
17. 左金鸡独立
18. 右仆步下势
19. 右金鸡独立
20. 践步指裆捶

第四段
21. 翻身拍脚
22. 退步双震脚
23. 玉女穿梭
24. 云手
25. 掩手肱捶
26. 揽雀尾
27. 十字手
28. 收势

（二）28式综合太极拳动作图解

第一段

1. 起势

（1）并步直立

两脚并拢，身体自然直立；两肩松垂，两手轻贴两腿外侧，头颈正直；两眼平视前方。（图5-1）

（2）开步举臂

身法不变，提起左脚，向左平行开步，与肩同宽；接着，两手逆缠，向前上方举起，与肩同宽，掌心向下，掌指向前。（图5-2）

（3）马步下按

紧接上势。两臂屈肘，两手下按至腹前；同时两腿屈膝下蹲，成马步双按势。（图5-3）

全套动作演示

起 势

图5-1 　　　　　图5-2 　　　　　图5-3

28式综合太极拳

【要点】

① 并步直立：头要虚领顶劲，头顶百会穴向上虚虚领起，颈部、两肩、胸腹、臀部、两腿至两脚踝均要放松，两脚微微用力抓地。身体像一根柱子，顶天立地。

② 开步举臂：要轻起轻落，点起点落；提脚时要先提脚跟，再提脚尖；落步时要先落脚尖，再落脚跟。

③ 马步下按：马步是太极拳的基本步型，所以一开始就要规范，打下扎实的基础。

2. 左右平挤

（1）收脚开臂

身体微左转，重心移向右腿，左脚微内收，成虚步，脚前掌着地；同时，两手逆缠，向左右平展，与肩同高，两掌心斜向外，掌指斜向上；目视左前方。（图5-4）

左右平挤

（2）虚步合臂

身法不变，左脚抬起，向左前方上步，脚跟着地，脚尖跷起；左手顺缠，向内转至胸前，掌心斜向内，掌指斜向上，臂微屈，右手向内转至左肘内侧，掌心斜向左，掌指斜向上。（图5-5）

图5-4 　　　　　　　　图5-5

32

（3）跟步前挤

身法不变，左脚尖落地，左腿屈膝前弓，重心移向左腿，随之，提起右脚，向前跟步，落在左脚的右后侧，左脚前脚掌着地；同时，左手前挤，与肩同高，掌心向内，虎口向上，右手抚按在左腕内侧。（图5-6、图5-7）

图5-6　　　　　　　　图5-7

（4）右转抹掌

身体右转，右脚跟落地，重心移至右腿，左脚尖向内扣转，重心移向左腿；同时，右手沿拇指方向向右抹转，自然伸直，掌心斜向前，掌指斜向上，左手随身体转动至右肘内侧，掌型不变。（图5-8）

（5）虚步上掤

身法不变，两手向下捋至腹前，右掌心向下，掌指向前，左手掌心向上；接着，提起右脚向右前方上步，脚跟着地，脚尖跷起；同时，右手顺缠，向上掤至胸前，掌心向内，左手按于右腕内侧；目视前方。（图5-9、图5-10）

图5-8

33

图5-9　　　　　　　　　图5-10

（6）弓步前挤

身法不变，右脚尖落地，屈膝前弓成右弓步；同时，右手向胸前平挤，两掌掌型不变。（图5-11）

【要点】

① 收脚开臂：这个动作要手先动，再转换重心。马步下按在腹前时双手逆缠向左右展臂，同时重心移至右腿，左脚跟抬起向内收转，脚尖着地，形成左前虚步。

图5-11

② 虚步合臂：身体重心仍在右腿，提起左脚活步，换成脚跟着地，脚尖向内勾起，这时的重心三七开，后腿站七，前腿站三。同时两手向内合臂，左手指尖与鼻同高，肘下沉与左膝相对。

③ 跟步前挤：左手背用力向前，称为挤法。同时重心移至左腿，提起右脚向前，落在左脚内后侧，称为跟步，前脚掌着地，脚跟抬起。

④ 右转抹掌：右手要在胸前平行转动，就像在水面上划过。同时右脚跟内

扣落地，左脚尖随转体向内扣转。

⑤ 虚步上掤：由捋和掤两个动作组成。当右手转至右侧前方时，两手向下捋至腹前，沿体前向上掤至胸前，同时右脚向前上步。

⑥ 弓步前挤：右腿向前弓步，身体重心随之前移，同时右手背用力向前挤出，左手扶在右手腕内侧向前推按右手形成挤势。

3. 单鞭

（1）向左云手

身法不变；右手逆缠，向右前方伸展，左手顺缠，掌心翻向内。接着，身体左转，左腿屈膝前弓成左弓步；同时，左手向左画弧平云至左侧前方，掌心向外，掌指向上，右手随左手转动，向下经腹前向左至左肘内下侧，掌心向内，掌指斜向下。（图5-12、图5-13）

单鞭

图5-12　　　　　图5-13

（2）丁步按掌

身法不变，重心移向右腿，提起左脚向内收至右脚内侧，脚前掌着地，形成丁步；右掌微前按，两掌掌型不变。（图5-14至图5-16）

（3）弓步单鞭

身法不变；右手五指捏拢形成勾手；随之，身体左转，提起左脚，向左前方上步，脚跟着地，脚尖跷起；右手不动，左手随转体，向左掤至左侧前方；

28式综合太极拳

接着，左脚尖落地，屈膝前弓成左弓步；同时，左手逆缠，向前方推按，掌心向前，掌指向上，右手不变。（图5-17至图5-19）

图5-14

图5-15

图5-16

图5-17

图5-18

图5-19

【要点】

① 向左云手：右手逆缠向右前方平按，左手顺缠，掌心翻向上。接着左手向上採，右手向下按。当左手转至面前时，向左转身，左手向左运转至左侧前方逆缠向前按出，右手随身体转动，经腹前向左转至左肘内下侧。

② 丁步按掌：右手向上採，左手向下按，当右手转至面前时，向右平云至右侧前方，左手随右手转动至右肘内下侧。同时，重心移至右腿，提起左脚向右脚并步成丁步。

③ 弓步单鞭：右手五指捏拢，屈腕成勾手，左手向上经面前向左前方画弧转出，至左侧前方。同时，左脚随转体向左前方上步，随之屈膝前弓，左手随弓膝向前推按，形成单鞭。勾手时，力达勾尖。弓步时，右腿微屈。左掌力达掌心，与勾手形成向外的对撑力。

4. 白鹤亮翅

（1）弓步抹掌

身法不变，右腿屈膝，重心后移，随之，左脚尖跷起；左手在原处顺缠，掌心翻向上，掌指斜向前，右手变掌，向内收至腹前，掌心向下，掌指斜向前。（图5-20）

白鹤亮翅

左腿屈膝前弓；右手向上转至左臂上侧，沿左臂向前、向右画弧平抹，掌心斜向前下方，掌指斜向上，同时，左臂微屈，左手转至右肘内下侧，掌心向上，掌指斜向右；目视右前方。（图5-21）

图5-20　　　　　　　　图5-21

（2）上步右靠

身法不变，提起右脚向前落至左脚内侧，成丁步；同时，左手向左、向上画弧至胸前，掌心向下，掌指斜向右，右手向下画弧转至腹前，与左掌心相对抱于胸前；接着，右脚向右前方上步，脚跟着地，脚尖跷起，形成靠势。（图5-22、图5-23）

（3）虚步亮掌

身体左转，右脚尖内扣落地，重心随之移至右腿，左脚跟步经右脚内侧向前上步，脚前掌着地，成虚步；同时，右手向右前上方举起，掌心斜向前，掌指向上，左手随身体转动，向下按至左胯前，掌心向下，掌指向前。（图5-24、图5-25）

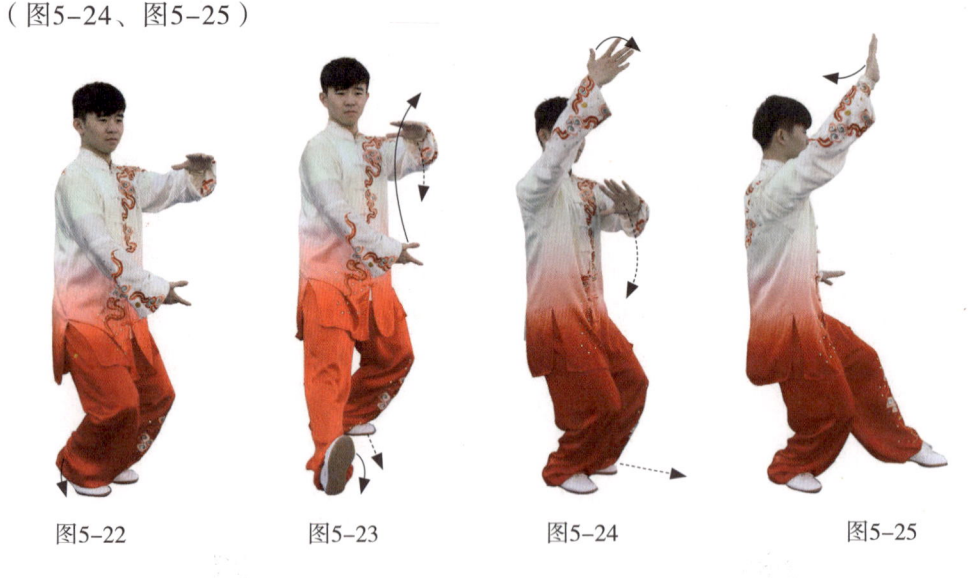

图5-22　　　图5-23　　　图5-24　　　图5-25

【要点】

① 弓步抹掌：首先身体重心后移，同时右手勾手变掌放在腹前，掌心向下，接着将右手放在左臂上侧。沿左臂上侧向前平抹，就像在水面上划过。

② 上步右靠：左手向上，右手向下在胸前抱球，劲达右臂外侧，形成右前靠式。同时，提起右脚经左脚内侧向右前方上步。

③ 虚步亮掌：右臂继续向右前上方掤出，同时右腿屈膝前弓，重心移向右腿，接着提左脚向前上步，形成虚步亮掌。两臂在旋转时，自然伸展，不要过于伸直或弯曲。

5. 左右搂膝拗步

（1）丁步举臂

身体稍左转；右手顺缠，向左画弧下落至腹前，随转体再向右前上方举臂，与肩同高，掌心向上，掌指斜向右前上方，同时，左手向左、向上转至右肘内侧，掌心斜向下，掌指斜向右；随之，左脚向内收至右脚内侧，脚尖着地成丁步。（图5-26至图5-29）

左右搂膝拗步

图5-26　　　图5-27　　　图5-28　　　图5-29

（2）弓步搂推

身体稍左转，提起左脚向左前方上步，脚跟着地，脚尖跷起；同时，右臂屈肘，手向内至右耳侧，掌心斜向左前方，掌指斜向上，左手向下按至腹前，掌型不变；目视左前方。（图5-30）

身体左转，左脚尖落地，左腿屈膝前弓，右腿自然伸展；同时，右手向前推按，掌心向前，掌指向上，左手向左搂转至左胯侧，掌心向下，掌指向前；目视前方。（图5-31）

（3）丁步举臂

右腿屈膝，重心移向右腿，左腿自然伸直，脚尖跷起；右掌微前按，掌心斜向下，掌指斜向前，左手随之向前，转至腹前，掌型不变。（图5-32）

图5-30　　　　　　　　图5-31　　　　　　　　图5-32

　　身体左转，脚尖外摆，重心移向左腿，提起右脚向前跟步，落在左脚内侧，脚前掌着地；同时，左手顺缠，向左、向上转至左侧前方，掌心斜向上，掌指斜向左，右手随左手向左转至左肘内侧，掌心斜向左，掌指斜向上；目视左前方。（图5-33、图5-34）

图5-33　　　　　　　　　　　　图5-34

（4）弓步搂推

　　身体稍右转，提起右脚向右前方上步，脚跟着地，脚尖跷起；同时，左臂屈肘，手向内至左耳侧，掌心斜向右前方，掌指斜向上，右手向下按至腹前，掌型不变；目视右前方。（图5-35）

身体右转，右脚尖落地，右腿屈膝前弓，左腿自然伸展；同时，左手向前推按，掌心向前，掌指向上，右手向右搂转至右胯侧，掌心向下，掌指向前；目视前方。（图5-36）

图5-35　　　　　　　　　　图5-36

【要点】

①丁步举臂：从白鹤亮翅使双手在面前左右画弧，如同猫洗脸。右臂向右转至同肩高，左手至右肘内下侧，同时左脚收回至右脚内侧，成丁步举臂。眼神要随着手的方向转动。

②弓步搂推：右手屈臂向内的同时，提左脚向左前方出腿，然后右手向前推出，左手向左搂转，同时转身弓步。弓步搂推时力达掌心。

6.十字拍脚

（1）并步合手

身法不变，提起左脚，向前并步；同时，左掌不变，右手向前转至左腕下侧，成十字手。（图5-37）

（2）十字拍脚

重心移至左腿，站直，随之右腿向前上方摆起，脚面绷平；同时，左手向前拍击右脚面，右手向右摆至右侧前方；目视右脚。（图5-38）

十字拍脚

（3）独立分掌

身法不变，左腿不变，右腿屈膝成独立势；左手随之摆至左侧前方，两掌心向外，掌指斜向前上方；目视前方。（图5-39）

图5-37　　　　　　　　图5-38　　　　　　　　图5-39

【要点】

①并步合手：重心不变，接上势动作的推按劲，重心前移至右腿。提起左脚向前上步，落在右脚内侧，形成并步合手。

②十字拍脚：即"交叉拍脚"，右脚向前上方摆起，用左手拍击右脚面。拍击时，脚面与肩同高。此动作锻炼柔韧和协调的能力。

③独立分掌：拍击后，右腿迅速屈膝成独立势。左脚要站稳，同时两手向左右分掌。此动作锻炼平衡能力。

7. 进步打捶

（1）上步收手

身法不变，左腿屈膝下蹲，右脚向前上步，脚跟着地，脚尖跷起，紧接着，重心前移至右腿，提起左脚向前上步，脚跟着地，脚尖跷起；同时，两手下落至两胯侧，掌心向下，掌指向前。（图5-40、图5-41）

进步打捶

（2）跟步打捶

左脚尖落地，屈膝前弓，重心移向左腿，右脚向前跟步，落至左脚内后侧，脚前掌着地；同时，右手握拳，顺缠，向前打出，拳眼向上，左手向前转至右臂内侧。（图5-42）

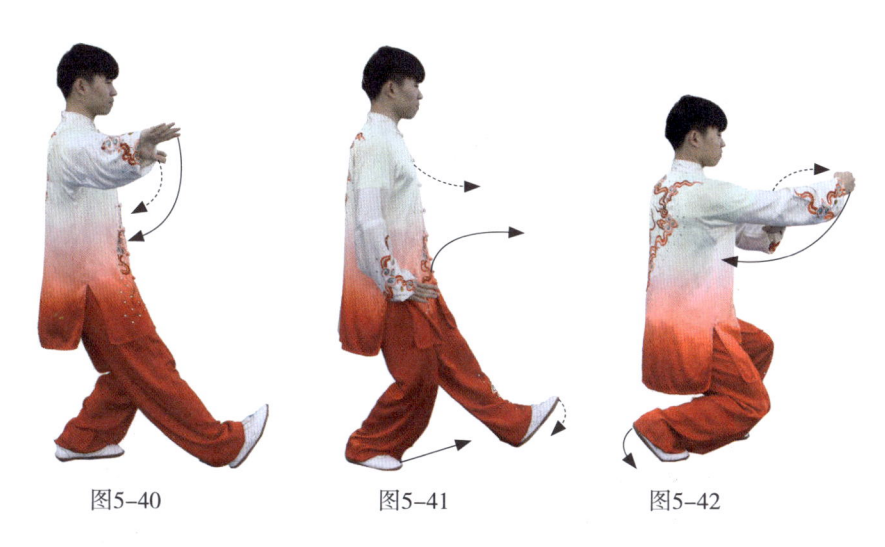

图5-40　　　　　图5-41　　　　　图5-42

【要点】

① 上步收手：左腿先屈蹲，右脚向前上步，接着提起左脚向前上步。双腿上步动作要连续。下蹲的同时，两手向下收至两胯侧。当第二步落脚后，两手同时在原处握拳。

② 跟步打捶：重心前移至左腿，右腿向前跟步，同时右拳向前打出。身体下蹲，力达拳面。与肩同高，击打对方胸部。

③ 上步时两腿要保持屈膝状态，打拳跟步要同时完成。

第二段

8.倒卷肱

（1）虚步举臂

身体右转，右脚跟落地，重心移向右腿，形成左前虚步；同时，左手沿右臂上侧向前推按，掌心向前，掌指向上，右拳变掌，下落至腹前，随转体向右画弧伸展，掌心

倒卷肱

斜向上，掌指斜向右，左手随之翻转，掌心斜向上，掌指斜向左前方，两手与肩同高；目视右侧前方。（图5-43、图5-44）

（2）屈臂后撤

身体左转，提起左脚经右脚后侧向后撤步，脚前掌着地；右臂屈肘，右手向内转至耳侧，右掌掌心斜向左前方，掌指斜向上，左掌不变。（图5-45、图5-46）

图5-43

图5-44

图5-45

图5-46

（3）虚步举臂

身体继续左转，重心移向左腿，成右前虚步；同时，右手沿左臂上侧向前推按，掌心向前，掌指向上，左手向下落至腹前，掌心向上，掌指斜向右。（图5-47）

身体稍左转，两腿不变；左手向左转至左侧上方，与肩同高，掌心向上，掌指斜向左，同时，右手顺缠，掌心翻向上，掌指斜向右前方，两手与肩同高；眼看左手。（图5-48）

图5-47　　　　　　　　图5-48

（4）屈臂后撤

身体右转，提起右脚经左脚内侧向后撤步，脚前掌着地；左臂屈肘，左手向内转至耳侧，左掌掌心斜向右前方，掌指斜向上，右掌不变。（图5-49、图5-50）

图5-49　　　　　　　　图5-50

（5）虚步推掌

身体继续右转，重心移向右腿，成左前虚步；同时，左手沿右臂上侧向前推按，掌心向前，掌指向上，右手向下落至腹前，掌心向上，掌指斜向左。（图5-51）

【要点】

①虚步举臂：两脚不动，重心移至右腿，左手向前推掌，右手拳手至腹前变掌，向右后方转出。

②屈臂后撤：重心不变，先屈右臂，身体微左转，抬起右脚向后撤步。

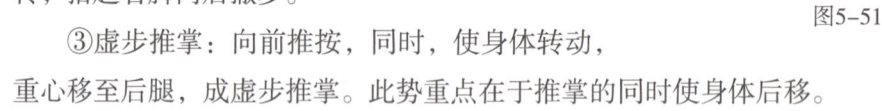

③虚步推掌：向前推按，同时，使身体转动，重心移至后腿，成虚步推掌。此势重点在于推掌的同时使身体后移。

图5-51

9. 左右野马分鬃

（1）右转抹掌

身法不变，左脚跟着地，脚尖跷起，接着身体右转，左脚尖内扣，重心移向左腿；同时，右手抬起至左臂上侧，沿左臂上侧向右画弧平抹至右侧前方，掌心斜向下，掌指斜向上，左手随右手转动至右手内下侧，掌心向上，掌指斜向右；目视右手前方。（图5-52、图5-53）

左右野马分鬃

图5-52 　　　　　图5-53

28式综合太极拳动作图解

（2）丁步抱球

身法不变，左腿弓住塌进，提起右脚向内收转至左腿内侧，前脚掌着地成丁步；同时，左手向左、向上画弧，屈臂转至胸前，掌心向下，掌指斜向右，右手向下画弧捋转至腹前，与左掌心相对成抱球势；目视前方。（图5-54）

（3）右弓步靠

身法不变，提起右脚向右前方上步，脚跟着地，脚尖跷起；同时右手向左下方插掌至左胯前，掌心斜向左，掌指斜向下，左手向右按至右肩前，掌心向右，掌指向上；目视右前方。（图5-55）

身体稍左转，右脚尖落地，右腿屈膝前弓，左腿自然蹬直；同时，右手向右上方画弧转出至右侧前方，高于肩，掌心斜向上，掌指斜向右前上方，左手向左下方转至左侧胯前，掌心斜向下，掌指斜向前；目视左侧前方。（图5-56）

图5-54　　　　　图5-55　　　　　　　图5-56

（4）左弓步靠

身体右转，提起左脚，经右脚内侧向左前方上步，脚跟着地，脚尖跷起；同时，右手逆缠，屈臂向内转至左肩前，掌心向外，掌指向上，左手顺缠，向右转至右侧胯前，掌心向外，掌指斜向下；目视右前方。（图5-57、图5-58）

身体稍右转，左脚尖落地，左腿屈膝前弓，右腿自然伸直；同时，左手向

左前上方转出，高于肩，掌心斜向上，掌指斜向左前上方，右手向下转至右侧胯前，掌心斜向下，掌指斜向左下方。（图5-59）

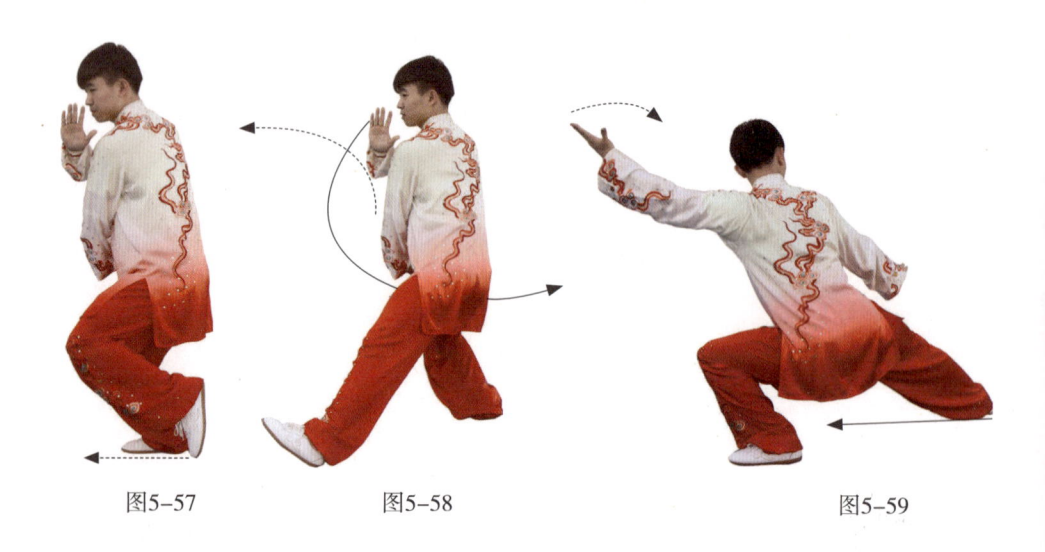

图5-57　　　　　　图5-58　　　　　　图5-59

【要点】

① 右转抹掌：右手要在胸前平行转动，就像在水面上划过；转至右侧前方。同时，左脚尖内扣，重心移至左腿，成右前虚步。

② 丁步抱球：左手向上、右手向下抱在胸前，两手微外掤，两掌心斜相对。右腿向内收转成丁步。

③ 右弓步靠：右腿向右前方上步，两手要加大向内合抱的劲力，像压缩弹簧一样。弓步时形成向外的弹力，使右臂向右前方靠出。

10. 左右穿梭

（1）丁步抱球

身体左转，重心移至左腿，提起右脚向内收转至左脚内侧，脚尖着地，成丁步；同时左手屈臂向内按至胸前，掌心向下，掌指斜向右，右手顺缠，屈臂向内转至腹前，两掌心相对成抱球状；目视右侧前方。（图5-60）

（2）跟步平云

身法不变，提起右脚向右前方上步，脚跟着地，脚尖

左右穿梭

跷起，随之，脚尖着地屈膝前弓，提起左脚向前跟步，落在右脚内后侧，脚前掌着地；同时，右手向胸前穿掌，左手向上按在右腕上侧，随弓步向右前方平云画弧转至右侧前方，掌心斜向上，掌指斜向右前方，左手随右手转动；目视右手前方。（图5-61、图5-62）

图5-60 　　　　　　图5-61 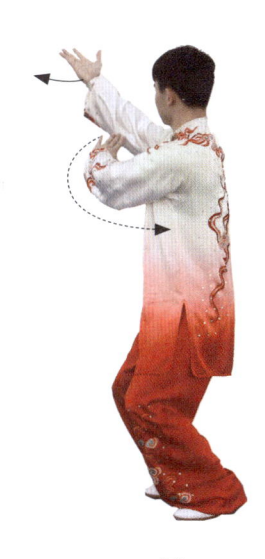　　　　　　图5-62

（3）弓步架推

身体稍左转；右手微内旋，左手向下转至左胯前，掌心斜向下，掌指斜向前。（图5-63）

身体稍右转，提起右脚，向右前方上步，脚跟着地，脚尖跷起。（图5-64）

身体右转，右脚尖落地屈膝前弓，左腿自然伸直；同时左手向在前推按至胸前，掌心向前，掌指向上，右手向上转至额前上方，掌心斜向前，掌指斜向左；目视前方。（图5-65）

图5-63

图5-64 　　　　　　　　　　　图5-65

（4）弓步抹掌

身体稍左转，左腿屈膝，重心移向左腿，右脚尖跷起；右手顺缠，向前下方落转至向前，掌心斜向上，掌指斜向前，左手向内、向下收转至腹前，掌心向下，掌指斜向前。（图5-66）

身体左转，右脚尖落地，右腿屈膝前弓，左腿自然伸直；同时左手抬起至右臂上侧，沿右臂上侧向前、向左抹转至左侧前方，掌心斜向下，掌指斜向左前上方，右手随左臂转至左肘内下侧，掌心向上，掌指斜向左前方；目视左前方。（图5-67）

图5-66 　　　　　　　　　　　图5-67

（5）跟步平云

身法不变，重心移至右腿，提起左腿向前落至右脚内侧；同时两臂屈肘向内、向下捋至腹前，掌型不变；眼法不变。（图5-68）

身法不变，提起左脚向左前方上步，脚跟着地，脚尖跷起；同时左手顺缠，掌心翻向上向胸前穿出，右手随左手转动。（图5-69）

身体稍左转，左脚尖落地，重心移至左腿，提起右脚向前跟步，落在左脚内后侧，脚前掌着地；左手随弓膝向左画弧平云，转至左侧前方，掌型不变，右手随左手转动；目视左手前方。（图5-70）

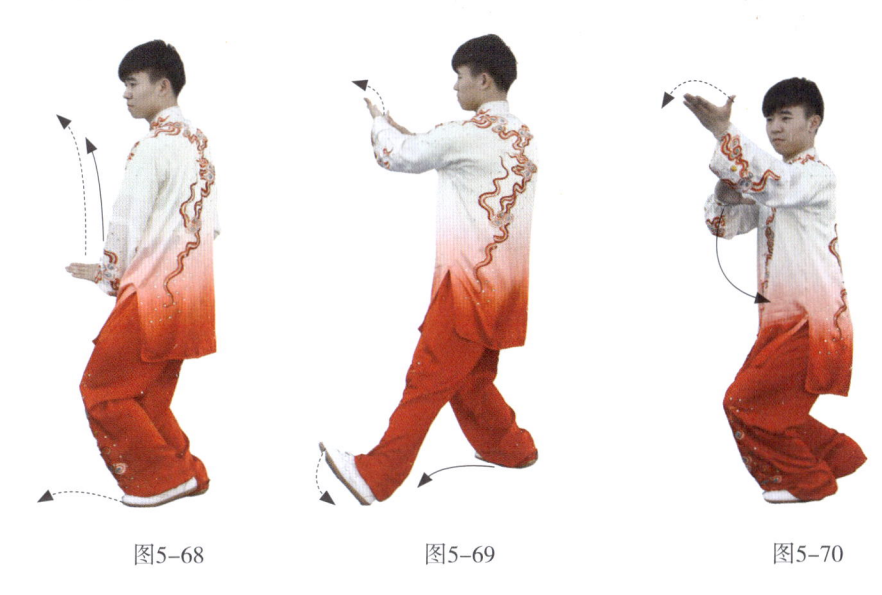

图5-68　　　　　　图5-69　　　　　　图5-70

（6）弓步架推

身体稍右转，重心移至右腿，左腿不变；右手向下落至腹前，掌心向下，掌指斜向前，左手不变。（图5-71）

身法不变，提起左脚向前上步，脚跟着地，脚尖跷起，随之脚尖落地，屈膝前弓，右腿自然蹬伸；右掌向前推出，掌心向前，掌指向上，指尖与鼻同高，左手逆缠，向上转至额前上方，掌心斜向前，掌指斜向右；目视前方。（图5-72、图5-73）

图5-71　　　　　　图5-72　　　　　　图5-73

【要点】

① 丁步抱球：重心不变，只是身体左转，左手逆缠，外掤，右手顺缠合于左掌下侧，同时收转右脚。

② 跟步平云：先上右步，右臂外侧向右前方掤出，使身体重心随之前移。左腿提起，向前跟步。

③ 弓步架推：右手继续向右前上方转出，架至额前上方，意想将对方来拳架开，同时右脚向前上步，左掌迅速向前推按。

④ 弓步抹掌：重心后移，右手向前下方落手，和身体形成对拉劲，使右臂同时伸展，接着左手在胸前平抹转出。

⑤ 跟步平云：重心不变，收左腿的同时两手下捋至腹前。接着向前上步，手随之向左前上方掤出。重心随掤势前移跟步。

⑥ 左右穿梭步法以进步、跟步为主。

11. 进步搬拦捶

（1）弓步平抹

右腿屈膝，重心后移至右腿，左腿自然伸直，脚尖跷起；同时右手屈臂向内、向下转至腹前，掌心向下，掌指向前，左手顺缠，向前、向下落至胸前，掌心向上，掌指向前。（图5-74）

进步搬拦捶

左脚尖落地，左腿屈膝前弓，右腿自然伸直成弓步；同时，右手向上至左臂上侧，沿左臂上侧向左、向前画弧平抹转至胸前，掌心向下，掌指斜向前，左手随右手转动至右臂内侧，掌心向上，掌指斜向右；目视右手前方。（图5-75）

图5-74　　　　　　　　图5-75

（2）虚步搬捶

身体左转，左脚尖外摆；同时，左手向左、向上画弧转至左侧上方，与肩同高，掌心向外，掌指斜向上，右手不变。（图5-76）

图5-76

28式综合太极拳

身法不变，重心移至左腿，提起右脚向前上步，落至左脚内侧，脚尖着地；同时右手握拳，屈臂向内转至腹前。左手屈臂向内转至右肩前，掌心向下，掌指斜向右前方。（图5-77）

身体稍右转，提起右脚向前上步，脚跟着地，脚尖跷起；同时，右手沿身体向上，经左臂内侧向前画弧搬出，略高于肩，臂微屈，拳心斜向内，左手向下按至左胯前，掌心向下，掌指斜向前；目视右拳前方。（图5-78）

图5-77 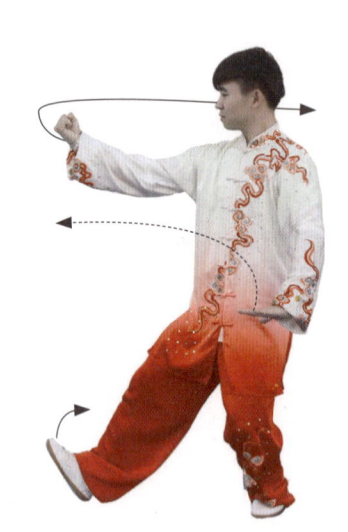　　　　　　　图5-78

（3）弓步打捶

身体右转，右脚尖外摆，屈膝前弓，重心移向右腿，提起左脚向前上步，脚跟着地，脚尖跷起；同时，右拳逆缠，向右画弧，屈臂向内转至右侧腰间，拳心向上，左手向前画弧转至前方，与肩同高，掌心向前，掌指向上；目视左手前方。（图5-79、图5-80）

身体稍左转，左脚尖落地，屈膝前弓，右腿自然伸直；同时，右拳逆缠，沿左臂内侧向前打出，拳心向左，拳眼向上，同时左臂微屈，左手向内转至右肘内侧；目视前方。（图5-81）

54

图5-79　　　　　　　　　图5-80

【要点】

① 弓步平抹：重心后移的同时，左手向前下方转落，与肩同高，和身体形成对拉劲，使左臂同时伸展，接着右手在胸前平抹转出，形成弓步平抹。

② 虚步搬捶：重心不移，身体向左转，同时左手向左上方转出，与肩同高，两臂伸展。接着提起右脚，经左脚内侧向前上

图5-81

步，同时右手向下转至腹前，握拳向前沿身体向上，左手向下，两手交叉，右拳向前反背打出。臂呈弧形，力达拳背。

③ 弓步打捶：右拳逆缠画弧转至腰间，变顺缠向打出。同时，右脚脚尖外摆落地，随之，左脚向前上步，随打拳向前弓步。打拳力达拳面。

12. 左蹬脚

（1）独立双掤

身法不变，身体重心移向左腿，提起右脚向前上步，落在左脚内侧成并步；同时右拳变掌，向上、向右画弧转至右侧前方，与肩同高，掌心向外，掌指向

上，左手向下、向左转至左侧前方，与肩同高，掌心向外，掌指向上。接着，左腿屈膝提起，脚尖自然下垂，右腿伸直；两手向内交叉合抱于胸前，掌心斜向内，掌指斜向上。（图5-82、图5-83）

图5-82　　　图5-83

左蹬脚

（2）蹬脚分掌

身法不变，左脚下落左脚向左上方蹬出，脚跟用力，脚尖勾起，脚与胸同高；两手逆缠，向左右分掌，掌心斜向外，掌指向上，左手至左腿内侧；目视左前方。（图5-84）

（3）独立分掌

身法不变，左腿下落，左腿屈膝，脚尖自然下垂，保持独立势；两手不变；目视左前方。（图5-85）

【要点】

① 独立双掤：重心不移，提右脚向前至左腿内侧时，两手向左右分展向下至腹前，两手交叉上掤的同时提左腿。

图5-84　　　图5-85

② 蹬脚分掌：蹬脚力达脚跟，使脚向前上方蹬出，与肩同高。同时两手向左右推出，左掌至左腿内上侧。

③ 独立分掌：两掌不变，左腿屈膝提住，身法同样不变，形成独立势。独立时支撑腿要直，身体要直，膝关节高于腰。

13. 转身右分脚

（1）转身独立

身体右转，左脚落在右脚尖前，向内扣转，右脚随之转动180°，两腿屈蹲；两手不变随身体转动。（图5-86）

身法不变，右腿屈膝提起，脚尖自然下垂，左腿伸直；两手屈臂向内合抱于胸前，掌心向内，掌指斜向上。（图5-87）

转身右分脚

图5-86 　　　　　图5-87

（2）分脚撑掌

身法不变，右脚向右上方抬起，脚面绷平形成分脚，脚与胸同高；两手逆缠，向左右分掌，掌心斜向外，掌指向上，右手至右腿内侧；目视右前方。（图5-88）

（3）独立分掌

身法不变，右腿下落，右腿屈膝，脚尖自然下垂，保持独立势；两手手型不变；目视右前方。（图5-89）

图5-88　　　　　　　　图5-89

【要点】

① 转身独立：左脚跟落地，脚尖内扣。重心移至左腿，右腿屈膝提起，同时两手向内合抱掤于胸前。

② 分脚撑掌：分脚时脚面绷平，力达脚尖，使脚向前上方分出。分脚要与蹬脚区分。

③ 独立分掌：两掌不变，右腿屈膝提住，身法同样不变，形成独立势。独立时支撑腿要直，身体要直，膝关节高于腰。

第三段

14. 双峰贯耳

（1）独立合掌

身体稍右转，仍保持独立势；右手顺缠，左手顺缠，向内转至胸前，掌心向上，掌指斜向前上方。（图5-90）

（2）弓步贯拳

身法不变，左腿屈膝下蹲，右脚向前落步，脚跟着地，脚尖跷起；同时两臂屈肘，两手向下转至两胯侧，掌心斜向

双峰贯耳

上，掌指斜向前下方。（图5-91）

身法不变，右脚尖落地，右腿屈膝前弓，左腿自然伸直；双手握拳逆缠，同时，沿左右弧线向前上方打出，与头同高，两拳眼斜向下，两臂微屈；目视前方。（图5-92）

图5-90　　　　　　图5-91　　　　　　图5-92

【要点】

①独立合掌：腿法不变，身体稍右转，支撑腿站稳，两手顺缠向前转至胸前，至右腿的上方。

②弓步贯拳：打拳要沿弧线向前上方打出，意在击打对方两太阳穴。

15. 斜飞势

（1）合手上步

重心不变，身体稍右转，右脚尖外摆，左脚跟抬起；同时，两拳变掌，右臂屈肘，右手转至左肩前，掌心向外，掌指向上，左手顺缠，向右转至右胯前，掌心斜向外，掌指斜向下；目视左侧前方。（图5-93）

重心至右腿不变，身体继续右转，提起左脚向前上步，脚跟着地，脚尖跷起；两手保持交叉不变。（图5-94）

斜飞势

图5-93　　　　　　　　图5-94

（2）弓步左靠

左脚尖落地屈膝前弓，重心移至左腿。右腿自然伸直；同时两手向左右分展，左手至左侧上方，掌心斜向上，掌指斜向左前上方，右手向右转至右侧下方，掌心斜向下，掌指斜向前；目视右侧前方。（图5-95）

图5-95

【要点】

① 合手上步：两拳变掌后，向体前交叉，左手在右肩前格挡，右手转至腹前，同时右脚向前上步。

② 弓步左靠：随弓步，手向左上方转出，身体向左倾斜，成左臂靠势。

16. 左仆步下势

（1）仆步下势

身体重心移至右腿，左腿自然伸直；同时，右手捏勾，屈腕向右前上方提起，勾尖向下，腕略高于肩，左手沿上弧线向右转至右臂内侧，掌心斜向右，掌指斜向上。（图5-96）

身体左转，右腿屈膝下蹲，大腿与小腿相贴，左腿伸直，成仆步；右勾手不变，同时左手向左前方伸展至左腿内上侧，掌心向前，掌指斜向左前方；目视左前方。（图5-97）

图5-96

图5-97

（2）弓步挑掌

身体继续左转，左脚尖外摆，屈膝前弓，右腿自然伸展；同时，左手向左前上方穿出，与肩同高，逆缠，掌心向前，掌指向上，与肩同高，右勾手逆缠，勾尖翻向上；目视前方。（图5-98、图5-99）

图5-98

图5-99

【要点】

① 仆步下势：仆步时大腿与小腿要紧贴一起。仆步的腿要伸直，左腿在前称为"左仆步"，右腿在前称为"右仆步"。同时配合手法，右手是勾手，要向上用力；左手为掌，向前穿出。两臂要伸展。

② 弓步挑掌：前臂要向前上方掤起，与肩同高时变按掌。勾手要随身体转动，勾尖转向上，但是手臂仍然保持伸展。

17. 左金鸡独立

（1）丁步撩掌

身法不变，身体重心前移到左腿，提起右脚向前上步，落在左脚内侧，脚前掌着地，成丁步；同时右手变掌，顺缠，向体前画弧撩掌至腹前，掌心向前，掌指斜向前下方；左手向下按至左胯侧，掌心向下，掌指向前；目视前方。（图5-100）

左金鸡独立

（2）独立上托

身法不变，右腿屈膝提起，脚尖自然下垂，左腿站直，成独立势；同时，右臂屈肘，右手顺缠，向上转至右肩前，掌心斜向上，掌指斜向右后方，左手手型不变；目视前方。（图5-101）

【要点】

① 丁步撩掌：右勾手变掌顺缠向前撩出，与腹部同高，力达掌指。同时右

图5-100 　　　　　　　图5-101

腿向前上步，落在左脚内侧。

② 独立上托：这个独立势是从武式太极拳动作变化而来，动作与前面的独立势相同。掌法顺缠屈臂向上托起，力达掌心。

18. 右仆步下势

（1）并步合手

身体左转，右脚向前落步成并步；同时，右手向左转至左肩前，掌心向左，掌指斜向上，左手向左、向上画弧，合于右臂上侧，两手形成交叉成十字手，掌心向右，掌指斜向上。（图5-102）

右仆步下势

（2）仆步分掌

身体重心移至左腿，左腿屈膝下蹲，随之，提起右脚向右侧前方迈出，右腿自然伸直成仆步；同时，两手向上至额前上方随仆步下蹲，两手向左右分掌，右手按至右腿内上侧，掌心向下，掌指向前，左手按至左侧前方，掌心向下，掌指向左；目视右前方。（图5-103）

图5-102　　　　　图5-103

【要点】

① 并步合手：身体右转，两脚并拢，同时两手向内、向上在胸前交叉合抱。

② 仆步分掌：两手向上架至额前上方，随仆步下蹲的同时分掌下按至身体左右两侧。

19. 右金鸡独立

（1）弓步按掌

身体稍右转，右脚尖微外摆，随之，右腿屈膝前弓，左腿自然伸直成右弓步；同时，右手向前上方挑起，与肩同高，掌心向前，掌指向上，左手随身体转动自然下落。（图5-104）

（2）丁步撩掌

身体继续右转，右脚尖微外摆，重心移至右腿，提起左脚向前上步，落在右脚内前侧，脚尖着地，成丁步；同时，左手顺缠，向前撩转至腹前，掌心斜向前，掌指斜向前下方，右手向下按至右胯侧，掌心向下，掌指向前；目视前方。（图5-105）

（3）独立上托

身法不变，左腿屈膝提起，脚尖自然下垂，随之，右腿站直，成独立势；同时，左臂屈肘，左肘顺缠转至左肩前，掌心斜向上，掌指斜向后，右手不变。（图5-106）

【要点】

①弓步按掌：右腿屈膝前弓的同时，右手向前上方掤起至同肩高，变顺缠向前推按。左手不动。

图5-104　　　　图5-105　　　　图5-106

②丁步撩掌：左手掌顺缠，沿体侧向前撩出，与腹部同高，力达掌指。同时左腿向前上步，落在右脚内侧。

③独立上托：这个独立势是从武式太极拳动作变化而来，独立势与前面独立势相同。掌法顺缠屈臂向上托起，力达掌心。

20. 践步指裆捶

（1）跃步展掌

身法不变，右腿屈膝下蹲，左脚向前落步，脚跟着地，脚尖跷起；左手随之向前伸展，掌心向前，掌指向上，右手不变。（图5-107）

左脚尖落地，重心前移至左腿，同时，右腿屈膝提起，身法不变；手型不变。（图5-108）

图5-107 　　　　图5-108

身体右转，左腿屈膝下蹲，随之，向上蹬起，跃在空中，右脚向左脚前落地，左腿屈膝提住；同时，右手向右后上方伸展，掌心向上，掌指斜向右上方，左手向右转至右胸前，掌心向下，掌指斜向右前方；目视右手。（图5-109、图5-110）

28式综合太极拳

图5-109 　　　　　　　　图5-110

（2）跟步打捶

右腿屈膝下蹲，左脚向前上步，脚跟着地，脚尖跷起；同时，右手握拳，屈臂向内转至右耳侧，左手下按至腹前，掌型不变；目视前方。（图5-111）

身体稍左转，左脚尖落地，左腿屈膝前弓，重心随之前移，右脚向前跟半步，落在左脚右后侧，脚前掌着地，形成跪步；同时，右拳向前下方打出，拳心斜向下，拳面向前，左手向左搂转至左胯前，掌型不变。（图5-112）

图5-111 　　　　　　　　图5-112

【要点】

① 跃步展掌：后脚向前跃出称为跃步。展掌是指两手同时向右后方伸展，动作在空中完成。

② 跟步打捶：当跃步落地后，右手握拳，向前下方打出，如同"指裆捶"，后脚向前跟步。打拳时力达拳面。

第四段

21. 翻身拍脚

（1）翻身搬捶

身体右转，左脚尖内扣，提起右脚，向前上步成虚步；同时右拳向上、向前打出，力达拳背，拳心向内，与肩同高，臂呈弧形，左手随身体转动，按在胯前，掌法不变。（图5-113、图5-114）

（2）上步推掌

身法不变，提起右脚，向前活步，随之屈膝前弓，左腿自然伸直，成右弓步；同时左手抬起，至右臂上方向前推出，掌心向前，掌指向上，右拳向内收转至右腰间，拳心向上；眼看左手前方。（图5-115、图5-116）

翻身拍脚

图5-113　　图5-114　　图5-115　　　　图5-116

（3）独立合抱

重心前移，随之提起左脚向前上步，脚跟着地，脚尖跷起；同时左手顺缠，掌心翻向上，右手抬起至左臂上侧，向前推按，掌心向前，掌指斜向上，左手向下、向左画弧转至左侧前方，掌心斜向左，掌指斜向上，两臂与肩同高；目视右手前方。（图5-117、图5-118）

图5-117　　　　　　　　　图5-118

左脚尖落地，重心移至左腿，右腿屈膝提起，脚尖自然下垂，左腿站直；同时，两手向下、向内至腹前交叉，向上环抱于胸前，左手在内，右手在外，两掌心斜向内，掌指斜向外。（图5-119、图5-120）

图5-119 　　　　　　　　　图5-120

（4）分掌拍脚

左腿站住，右脚向右上方弹出，脚面绷平；同时，两手向上至额前上方，逆缠向左右分掌，右手向前拍击右脚面，左手自然向左展掌。（图5-121、图5-122）

（5）独立分掌

紧接上势。右腿屈膝提住，右脚尖自然下垂，形成独立势；两手自然下落，与肩同高，两掌心斜向外，掌指斜向上；目视右手前方。（图5-123）

图5-121　　　　　　　图5-122　　　　　　　图5-123

【要点】

① 翻身搬捶：右脚跟先内扣，然后重心移向右腿，身体右转。右拳向上、向右后方打出，力达拳背，力呈弧形。右脚成虚步，接着向前活步，脚跟着地，脚尖跷起，成搬捶。

② 上步推掌：随活步屈膝前弓，成弓步。左掌在右臂上侧向前推出，右拳向后转至右侧腰间。

③ 独立合抱：此势连续上两步，向前并步。同时两手向左右分展，当并步时抱于胸前，提右脚成独立势。

④ 分掌拍脚：两手向上架在额前上方，同时右脚向右前上方弹出，脚面绷平，随之两手向左右分展，右手向前拍击右脚面要清脆响亮。

⑤独立分掌：拍脚后，两手在原处不变，仍保持与肩同高，右腿随之屈膝提住。

22. 退步双震脚

（1）退步双掤

左腿屈膝下蹲，同时，右脚经左腿内侧向后撤步，脚前掌着地；两掌型不变。（图5-124）

右脚跟落地，重心移至右腿，提起左脚向后撤步，重心随之移至左腿，成右前虚步；同时两手顺缠，向下、向内合于腹前，掌心斜向前，掌指斜向前下方。（图5-125）

退步双震脚

图5-124 　　　　　　图5-125

（2）跃步上托

身法不变，步法不变，两腿随之站直；同时两手向上托起，与肩同高，掌心向上，掌指向前，右臂伸直，左手至右肘内侧。（图5-126）

身法不变，两腿屈膝下蹲；两手逆缠，向下按至腹前，掌心向下，掌指向前。（图5-127）

右腿屈膝提起，随之左脚蹬地发力，使身体腾在空中；同时，两手顺缠向上托起，掌心向上，掌指向前。（图5-128）

图5-126 　　　　　　图5-127 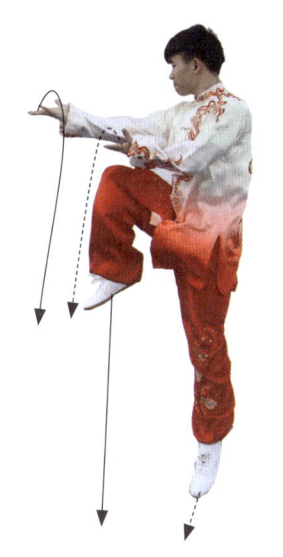　　　　　　图5-128

（3）震脚按掌

紧接上势。左脚落地，随之屈膝下蹲，右脚下落震脚；同时两手逆缠，发力下按至腹前，掌心向下，掌指向前；目视前方。（图5-129）

【要点】

（1）退步双掤：连续向后退两步成右前虚步，两手随后撤向左右分展，然后向前掤在胸前，两掌心向上，右手在前，左手在后。

（2）跃步上托：两掌翻向下，随之下按，同时两腿屈膝下蹲。接着两手翻向上，两脚蹬地发力，向上跃起。按掌下蹲时，两腿要用力蹬地弹起。

（3）震脚按掌：跳起时，右腿屈膝上提。下落时左脚先落地，接着屈膝下蹲，右脚向下震落，同时两掌下按。

23. 玉女穿梭

（1）弓步插掌

提起右脚，向前上步，随之屈膝前弓，左腿自

图5-129

玉女穿梭

然伸直；同时，右掌向前穿插，掌心向下，掌指向前；目视前方。（图5-130）

（2）插步架推

身体右转，提起左脚，经右腿内侧向前上步，同时右腿蹬地发力，跃在空中；随之，左手随右手转至右肘内侧，左手向前推击，右手逆缠，向上转至额前上方。（图5-131）

紧接上势。左脚落地，右脚经左脚内侧向后插步，脚前掌着地；左手掌心向左，掌指向上，右手架至额前上方，掌心斜向上，掌指斜向左；目视左前方。（图5-132）

图5-130　　　　　　图5-131　　　　　　图5-132

【要点】

① 弓步插掌：震脚后，右脚向前上步，同时右掌迅速向前插出，力达指尖。

② 插步架推：紧接上势动作。提左脚向前迈步，右脚迅速蹬地发力，腾在空中，同时右掌逆缠上架，左手迅速向前推按，力达掌心。

24. 云手

（1）右转云手

身体右转，右脚跟内扣，随之弓膝，左脚尖内扣，自然伸展；两手不变。（图5-133）

身体稍右转，右腿屈膝前弓，左腿自然伸直；右手向下

云　手

落,与肩同高,掌心向右,掌指向上,左手顺缠向右画弧,转至右侧腹前,掌心斜向上,掌指斜向下。(图5-134)

图5-133

图5-134

(2)插步云手

身体左转,左腿屈膝,重心移向左腿,右脚随之提起至左脚内侧;同时,左手逆缠,向上转至胸前,掌心向外,掌指斜向上,左手向下转至腹前,两手同时向左平云。(图5-135)

图5-135

身体继续左转，右脚向右擦出，成左弓步；同时，两手继续向左推按，左手与肩同高，掌心斜向外，掌指斜向上，右手转至左侧腹前，掌心斜向左，掌指斜向前。（图5-136）

身体右转，右腿屈膝，身体重心移向右腿，随之提起左脚，经右脚后侧向后插步，脚前掌着地，脚跟抬起，形成插步；同时，右手逆缠向上至胸前，向右画弧平云至右侧前方，掌心斜向右，掌指斜向前，左手向下经腹前向右转至右侧腹前，掌心向外，掌指斜向下；目视右手前方。（图5-137）

左脚跟落地，重心移向左腿，提起右脚，向右前方上步，成弓步；同时左手逆缠，向上转至右肩前，向左画弧平云，转至右侧前方，掌心向外，掌指斜向上，右手向下经腹前向左转至左侧腹前，掌心向外，掌指斜向右前方。（图5-138）

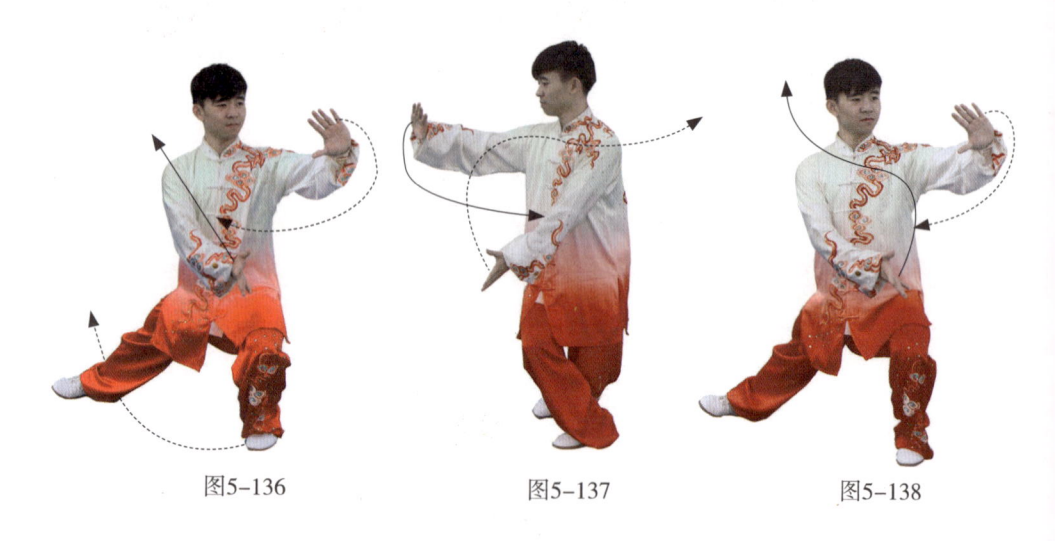

图5-136　　　　　图5-137　　　　　图5-138

【要点】

① 右转云手：身体向右转，两手不变，当身体右转180°时，两手再向右前方转出，做云手动作。

② 插步云手：两手先云至左侧前方时，再做插步动作。撤步时，两掌再向右侧云出。两手由下而上交替向外画弧。

25. 掩手肱捶

（1）合臂握拳

身体重心移向右腿，右腿屈膝前弓，左腿自然伸直，成右弓步；右手逆缠向上至左肩前，向右前方画弧平云，掌心斜向外，掌指斜向上，左手向下经腹前，向右转至右侧腹前，掌心斜向右，掌指斜向下。（图5-139）

身体重心移至左腿，右腿屈膝提起成独立步；两手向内合于胸前，右手掌心向上，左手置右腕上侧，掌心向下。（图5-140）

身法不变，步法不变；右手握拳，屈臂向内，左手掌按于右拳背上侧。（图5-141）

掩手肱捶

图5-139　　　　　　图5-140　　　　　　图5-141

（2）擦步插拳

身法不变，右脚向下震脚，左腿迅速提起，成左独立势，右腿微屈；两手不变。（图5-142）

右腿屈膝下蹲，左脚向左前方擦出，脚跟着地，脚尖跷起；右拳向前下方插拳，左手掌沿右前臂上侧至肩前，两臂仍内合；目视左前方。（图5-143）

（3）弓步展臂

左脚尖落地，左腿屈膝前弓，右腿自然伸直，成左弓步；同时两手逆缠向左右分展，与肩同高，左掌心斜向前，掌指斜向上，右拳心斜向后，拳眼斜向下；目视左前方。（图5-144）

图5-142

图5-143

图5-144

（4）顺缠收拳

身体微右转，右腿屈膝，重心移向右腿，左腿微屈；同时两手顺缠，右臂屈肘，右拳向内转至胸前，拳眼向外，左手转至左侧前方，掌心向上，掌指向前；目视左前方。（图5-145）

（5）弓步打拳

身体稍左转，左腿弓膝，重心前移，右腿微屈；同时右拳逆缠，沿左手上侧向前发力打出，拳心向下，拳面向前，左手逆缠，屈臂向内按于腹部；目视右前方。（图5-146）

图5-145

【要点】

① 合臂握拳：两手向内转至胸前，右手迅速握拳至胸前；同时重心移向左腿，提起右脚，形成合手握拳。

② 擦步插拳：右脚下震，迅速抬起左腿，并向左前方擦出；同时右拳沿身体向左下方插拳，左手沿右前臂向上合于右肩前。

③ 弓步展臂：左腿屈膝前弓，同时两手逆缠，向下、向左右分展，与肩同高；在转动时，右手仍握拳不变。

④ 顺缠收拳：两手同时做顺缠，左手伸展至左侧前方，掌心向上，右手屈臂向内转至胸前，前臂轻贴胸部；同时重心移向右腿。

⑤ 弓步打拳：右拳发力沿左掌上侧向前打出，左手迅速向内按于腹部；同时，左腿向前弓步。

图5-146

26. 揽雀尾

（1）丁步抱球

重心移向右腿，左腿自然伸直，脚尖跷起；右拳不变，左手顺缠，向左转至左胯外侧，掌心向内，掌指斜向下。（图5-147）

揽雀尾

图5-147

身体左转，左脚尖外摆，屈膝前弓，重心移向左腿，提起右脚，向前上步，落在左脚内侧，脚前掌着地，成丁步；同时，右拳变掌，屈臂向内转至腹前，掌心向上，掌指向左，左手逆缠，向上转至同肩高，屈臂向内至胸前，掌心向下与右手相对，掌指斜向右前方。（图5-148、图5-149）

图5-148　　　　　　图5-149

（2）弓步掤按

身体稍右转，右脚向右前方上步，脚跟着地，脚尖跷起，随之屈膝前弓，左腿自然伸直，成左弓步；同时右手向前上方掤出至胸前，掌心向内，掌指斜向左，左手随之向前，转至右前臂内下侧，掌心向前，掌指向上；目视前方。（图5-150、图5-151）

图5-150　　　　　　图5-151

（3）弓步挤靠

身体左转，步法不变；右手不变，左手随转体向左、向下落至左侧胯前，掌心向下，掌指斜向前。（图5-152）

（4）丁步抱球

身体右转，重心移向右腿，提起左脚，向前上步，落在左脚内侧，脚前掌着地，成丁步；右手逆缠，掌心翻向下，掌指向左，左手顺缠，向内转至腹前，掌心向上，掌指向右，与左掌心相对。（图5-153）

（5）弓步前挤

身体左转，提起左腿向前上步，脚跟先着地，随之屈膝前弓，右腿自然伸直，成左弓步；同时，左手向左前上方掤出，与肩同高，掌心向内，掌指斜向右，右手向前转至左前臂内下侧，掌心向前，掌指斜向上；目视前方。（图5-154、图5-155）

图5-152　　　图5-153　　　图5-154　　　图5-155

身体稍左转；右手向下按至胯侧，接着，左手逆缠向左前方伸出；同时，右手向前至左前臂内侧，掌心斜向下，掌指斜向上，右手掌心斜向上；掌指斜向前。（图5-156、图5-157）

身体右转，右腿屈膝，重心后移至右腿，左腿自然伸直；同时，两臂屈肘，两手下捋至腹前，随转体右手向右向上转至右侧前方，与肩同高，掌心斜向上，掌指斜向右前方，左手向上转至右胸前，掌心斜向内，掌指斜向右前方；目视右手前方。（图5-158、图5-159）

左腿屈膝前弓，右腿自然伸直成左弓步；同时，右臂屈肘，右手向内按于左腕内侧，两手向前挤出，与胸同高。（图5-160、图5-161）

图5-156

图5-157

图5-158

图5-159

图5-160

图5-161

（6）弓步双按

身法不变，步法不变；右手经左手上侧向前穿出，掌心向下，掌指向前，同时，左手逆缠，掌心翻向下，掌指向前。（图5-162）

右腿屈膝，重心移至右腿，左腿自然伸直；同时，两臂屈肘，两手向内收至胸前，掌型不变。（图5-163）

左腿屈膝前弓，成左弓步；同时，两掌下按至腹前，随弓步双掌向前推出，与肩同高，掌心向前，掌指向上；目视前方。（图5-164、图5-165）

图5-162　　　　　　　　　　图5-163

图5-164　　　　　　　　　　图5-165

【要点】

① 丁步抱球：打拳后重心后移，右拳不动，左手向左打开，然后重心移向左腿，提右脚向前落在左脚内侧。两手向内合抱于胸前。

② 弓步掤按：右脚向前上步，右手向前掤出，左手随右手向前推按。

③ 弓步挤靠：右臂掤出后，保持右臂的掤劲不变，身体稍左转，加大右臂的挤靠劲。

④ 丁步抱球：身体右转，右手掤劲不变，手做逆缠，屈臂掤在胸前。同时，左手随上步转至腹前，成抱球势。

⑤ 弓步前挤：动作变化较多，先是左臂前掤，然后双手下捋于腹前，再向上掤于胸前，再弓步向前挤出。步法随动作转换而变换。

⑥ 弓步双按：两手逆缠，屈臂向内转至胸前，再向前弓步推按，力达掌心。

27. 十字手

（1）弓步展臂

身体右转，右腿屈膝前弓，左腿自然伸直，成右弓步；左手不变，右手向右画弧平云至右侧前方，两掌心均向外，掌指向上；目视右手前方。（图5-166）

十字手

（2）开步合臂

身体左转，左腿屈膝，重心左移；同时两手向下至腹前，交叉向上掤抱于胸前，掌心斜向上，掌指斜向外，左手在上，右手在下。（图5-167）

身法不变，提起右脚向内收转成小马步；同时两手逆缠，掌心翻向下；目视前方。（图5-168）

图5-166　　　　　图5-167　　　　　图5-168

【要点】

① 弓步展臂：身体右转，右手向右分展，左手在原处不变，身体保持中正。

② 开步合臂：两手向下、向内画弧交叉合于胸前，随手变化提右脚形成开立步，又称小马步。

28. 收势

（1）马步开手

身法不变，两腿站起，成开立步；同时两手分开，与肩同宽，掌心向下，掌指向前；身法、步法不变。（图5-169）

（2）开步站立

两腿站起成开立步；同时两手向下落至两胯侧，两掌心轻贴大腿外侧。（图5-170）

（3）并步收势

提起右脚，向内落在左脚内侧，成并步还原；目视前方。（图5-171）

图5-169 　　　　　图5-170 　　　　　图5-171

【要点】

① 马步开手：收势动作是身体调整到舒适状态。两手打开，向前平伸，成马步分掌。

② 开步站立：两腿缓缓站起，两手向下落至大腿两侧，使身体慢慢放松。

③ 并步收势：提脚并步。收势要缓慢柔和，回到起势状态。

六、太极拳礼仪

我国自古就是礼仪之邦，有着悠久的礼仪传统。武林界一直有"未曾学艺先识礼"的传统。习武者平时的举止要端庄大方，有礼貌。言谈话语要有素养，而且要言必信，行必果。待人处事热情诚实，和蔼可亲。服饰要整洁得体，在表演竞技、教学训练、国内外武术交往中，都要严格按照武德的行为规范执行，表现出个人立身风度及容端体正的尚武本色的"精、气、神"，充分反映出习武者的良好素质。

中国武术协会对于武术行礼的方式做了统一规定。武术行礼主要分徒手礼、持械礼、递械礼、接械礼。徒手礼又分为抱拳礼和注目礼两种方式。

（一）抱拳礼

此礼法是由中国传统"作揖礼"和少林拳的抱拳礼（四指礼），加以提炼规范、统一得来的，并赋予了新的含义，这是在国内外一致被采用的具有代表性的礼法。

行礼的方法是：并步站立，左手四指并拢伸直成掌，拇指屈拢，右手成拳，左掌心掩贴右拳面，左指尖与上颏平齐。右拳眼对胸窝，置于胸前屈臂成圆，肘尖略下垂，拳掌与胸相距20~30厘米。头正、身直，目视受礼者，面容举止大方。

抱拳礼的含义：

①左掌表示德、智、体、美"四育"齐备，象征高尚情操；屈指表示不自大，不骄傲，不以"老大"自居；右拳表示勇猛习武；左掌掩右拳相抱，表

抱拳礼

示"勇不滋乱""武不犯禁",以此来约束、节制自身的意思。

②左掌右拳拢屈,两臂屈圆,表示五湖四海(泛指五洲四洋)、天下武林是一家,谦虚团结,以武会友。

③左掌为文,右拳为武,文武兼学,虚心、渴望求知,恭候师友、前辈指教。

(二)注目礼

并步站立,目视受礼者或向前平视,勿低头弯腰。表示对受礼者的恭敬、尊重。若表示对受礼者答诺或聆听指教受益时,可微点头示意。

技术演示人员介绍

曹玉祥 1995年3月出生,山东济南人。8岁习武。2008年山东省武术锦标赛太极剑冠军;2009年焦作全国太极拳邀请赛陈式太极拳冠军、42式太极剑亚军;2011年山东省武术锦标赛太极拳冠军、太极剑冠军。2014年考入北京体育大学,师从黄康辉先生,先后获得:2015年全国大学生武术锦标赛孙式太极拳冠军,2015年全国太极拳锦标赛男子双人孙式太极拳冠军、个人冠军,2016年全国太极拳锦标赛男子双人孙式太极拳亚军、个人冠军。

附录：《传统武术套路竞赛规则》

（2012中国武术协会审定）

第一章　竞赛组织机构

第一条　竞赛委员会

根据不同的比赛规模，可设立竞赛委员会、竞赛部或竞赛处，由负责竞赛业务的行政人员若干人组成。在大会组委会统一领导下，负责整个大会的竞赛组织工作。

第二条　竞赛监督委员会

一、竞赛监督委员会为竞赛的监督机构

二、竞赛监督委员会人员的组成

由主任1人、副主任1人、委员3或5人组成。

三、竞赛监督委员会的职责

（一）监督、检查仲裁委员会、裁判员的工作。

（二）监督、检查参赛运动队的比赛行为。

（三）有权对违纪的仲裁人员、裁判人员和运动队的相关人员做出处罚。

（四）竞赛监督委员会不直接参与仲裁委员会和裁判人员职责范围内的工作，不干涉仲裁委员会、裁判人员正确履行自己的职责，不改变裁判人员、仲裁委员会的裁决结果。

第三条　仲裁委员会

一、仲裁委员会人员的组成

由主任1人、副主任1人、委员3或5人组成。

二、仲裁委员会的职责

（一）接受运动队的申诉，并及时做出裁决，但不改变裁判结果。

（二）仲裁委员会会议出席人员必须超过半数，超过半数以上做出的决定方为有效。表决投票相等时，仲裁委员会主任有决定权。仲裁委员会成员不参加与本人所在单位有牵连问题的讨论与表决。

（三）仲裁委员会的裁决为最终裁决。

（四）仲裁委员会负责确定比赛时每块场地的仲裁录像位置。

第四条　裁判人员的组成

一、裁判人员的组成

（一）总裁判长1人、副裁判长1~2人。

（二）裁判组设裁判长1人、副裁判长1人；评分裁判员3~5人。根据竞赛的规模可设若干个裁判组。

（三）编排记录长1人。

（四）检录长1人。

二、辅助工作人员的组成（根据比赛规模，可适当增加或减少人员）

（一）竞赛电子系统操作人员每场地1~2人。

（二）编排记录员3~5人。

（三）检录员每场地2~3人。

（四）宣告员1~2人。

（五）放音员1~2人。

（六）摄像员每场地1~2人。

第五条　裁判员的职责

一、总裁判长

（一）组织领导各裁判组的工作，保证竞赛规则的执行，检查落实赛前各项准备工作。

（二）解释规则、规程，但无权修改规则、规程。

（三）在比赛过程中，根据比赛需要可调动裁判人员工作，裁判人员发生严重错误时，有权处理。

（四）审核并宣布成绩，做好裁判工作总结。

二、副总裁判长

（一）协助总裁判长的工作，并可重点负责竞赛中某一部分的工作。

（二）在总裁判长缺席时，代行其职责。

三、裁判长的职责

（一）组织本裁判组的业务学习和实施裁判工作。

（二）执行比赛中对套路时间不足或超出规定、重做、集体项目少于规定人数、配乐项目不符合要求等扣分。

（三）经总裁判长同意，有权对不合理的运动员应得分进行调整，但无权更改裁判员的评分。

（四）裁判员发生严重的评分错误时，可向总裁判长建议给予相应的处理。

四、副裁判长的职责

协助裁判长进行工作；负责管理本场地检录组的工作，保证本组比赛有序进行。

五、裁判员的职责

（一）服从裁判长的领导，参加裁判业务学习，做好准备工作。

（二）认真执行规则，独立进行评分，并做好临场评分记录。

（三）负责运动员整套动作演练的评分。

六、编排记录长的职责

（一）负责编排记录组的全部工作，审查报名表，并根据大会要求编排秩序册。

（二）负责比赛现场评分记录的审核；如遇特殊情况，可根据总裁判长指意，现场进行有关项目上场组别、顺序的调整（含人员、项目的增加或删减）。

（三）准备比赛所需表格，审查核实比赛成绩及排列名次。

（四）采用电子竞赛计分系统时，须做好裁判组与电子竞赛系统操作组的协调工作，保证竞赛成绩无误。

（五）如遇同分时，按规则规定处理好成绩，确定名次。

（六）编排成绩册。

七、检录长的职责

（一）负责在赛前协调安排布置场地，落实各场地检录处位置、运动员入场和退场的位置及标记。

（二）负责检录组的全部工作，及时与各裁判长沟通，如有变化及时报告总裁判长和宣告员。

第六条　辅助工作人员职责

一、编排记录员的职责

根据编排记录长分配的任务进行工作。

二、检录员的职责

（一）按照比赛顺序及时进行检录，将比赛运动员带入场后，向裁判长递交检录表。

（二）配合裁判长，做好现场运动员上场的检录工作；负责多名运动员同时上场时的起势位置的确定。

（三）负责将完成比赛的运动员带出场地，保证场内竞赛秩序井然。

三、宣告员的职责

报告比赛成绩，介绍有关竞赛规程、规则、比赛规模、传统武术拳种及项目特点等知识。

四、放音员的职责

（一）在比赛第一次检录时，负责收取配乐项目音乐光碟，根据比赛出场顺序进行编号，保证配乐项目比赛顺利进行。

（二）运动员站在比赛场地3~5秒钟之间，开始放音乐。

（三）比赛结束后，负责将音乐归还运动队。

五、摄像员的职责

（一）对全部竞赛项目进行现场摄像。

（二）遵照仲裁委员会、竞赛监督委员会的要求，负责播放相关项目录像。

（三）全部录像均应按大会规定予以保留，并交付竞赛处制作光盘存档资料。

第二章　参赛人员及其规定

第七条　参赛人员及其规定

参赛人员包括参赛队的运动员、教练员、领队和随队医生。为确保大会的顺利进行，须遵守以下规定：

（一）参赛者应按规程中的规定按时报名，并遵守大会各项规定。

（二）参赛组委会安排的领队会议（组委会）和教练员、裁判员联席会议，充分发表意见和提出疑问，一旦决定，严格遵照执行。

（三）参赛者应依据规则和规程公平竞争，履行武术礼仪，服从裁判，尊重对手。

（四）任何参赛人员不得在比赛期间对裁判人员施加影响和干扰，一经发现，由竞赛监督委员予以严肃处理。

第八条 申诉

一、仲裁委员会只受理运动队在比赛时裁判长对本队运动员的扣分有异议的申诉

二、申诉程序

参赛队对裁判长扣分有异议时，必须在该场该项比赛结束后15分钟内，由该队领队或教练向仲裁委员会以书面的形式提出申诉，同时交付1000元申诉费。一次申诉仅限一个内容。

仲裁委员会依据申诉内容进行认真审议，查看仲裁录像，如裁判长扣分正确，提出申诉的运动队必须坚决服从。如果因不服而无理纠缠，根据情节轻重，可由仲裁委员会建议竞赛监督委员会给予严肃处理，直至取消比赛成绩；如裁判长扣分错误，仲裁委员会提出申请，由竞赛监督委员会对裁判长进行处理，但不改变裁判结果，退回申诉费。

裁决结果应及时通知有关各方。

第三章 竞赛通则

第九条 竞赛性质

一、竞赛类型分为

（一）个人赛。

（二）团体赛。

（三）个人及团体赛。

二、按年龄可分为

（一）成年赛。

（二）青少年赛。

（三）儿童赛。

三、按拳种内容分为

（一）各单练拳术和器械的个人项目比赛。

（二）对练项目比赛。

（三）集体项目比赛。

（四）综合项目比赛。

第十条　竞赛和表演项目

一、竞赛项目

（一）流传有序的各武术拳种流派的传统套路，包括单练的拳术、器械、对练和集体项目。

（二）在群众中广泛流传的其他武术套路，包括各种规定的拳术、器械和功法等项目。

二、集体表演项目

以武术动作为主要内容，并具有一定艺术性的集体武术综艺表演项目。

第十一条　竞赛年龄分组

儿童组（A组）：12周岁以下。

少年组（B组）：12周岁至17周岁。

青年组（C组）：18周岁至39周岁。

中年组（D组）：40周岁至59周岁。

老年组（E组）：60周岁和60周岁以上。

第十二条　比赛顺序的确定

在竞赛监督委员会和总裁判长的监督下，由编排记录组运用计算机程序进行分组排序，确定项目比赛顺序和运动员上场顺序。

第十三条　检录

运动员须在赛前30分钟到达指定地点报到，参加第一次检录，并检查服装和器械。赛前20分钟进行第二次检录，第三次检录时间为赛前10分钟。

第十四条　礼仪

运动员听到上场点名时、完成比赛套路后和裁判长宣布最后得分时，应向裁判长行抱拳礼。

第十五条　计时

运动员由静止姿势开始肢体动作，计时开始；运动员结束全套动作后并步站立，计时结束。

第十六条　示分
运动员的比赛结果，公开示分。

第十七条　弃权
不能按时参加检录与比赛者，按弃权论处。

第十八条　兴奋剂检测
根据国际奥林匹克宪章的规定和国际奥委会的有关要求，进行兴奋剂检测。

第十九条　名次和等级奖项的评定
一、名次评定

（一）个人项目、对练项目和集体项目名次。

按比赛的成绩高低排列名次。得分最高者为该单项的第一名，次高者为第二名，依此类推。

（二）个人全能名次。

根据规程规定，按各单项得分总和的多少进行评定，得分最多者为全能第一名，次多者为第二名，依此类推。

（三）团体名次。

根据竞赛规程关于团体名次的确定办法进行评定。

二、得分相等的处理

（一）个人项目、对练项目和集体项目得分相等的处理。

1. 两个无效分的平均值接近有效分的平均值者列前。

2. 两个无效分数的平均值高者列前。

3. 两个无效分数中，低无效分数高者列前。

4. 如仍相等，名次并列。

（二）个人全能得分相等时，以比赛中获得单项第一名多者列前；如仍相等，则以获得第二名多者列前，依此类推；如获得所有名次均相等，则名次并列。

（三）团体总分相等时，以全队获得单项第一名多者列前；如仍相等，则以获得第二名多者列前，依此类推；如获得单项名次均相等，则名次并列。

三、等级奖项的评定

个人项目、对练项目、集体项目分别设一、二、三等奖。确定获奖等级的方法是按各项最后得分多少排序，各奖项的比例由竞赛规程规定。

第二十条　集体表演项目的评定

（一）集体表演项目奖项设一、二、三等奖。

确定获奖等级的方法是按得分的多少排序，各奖项的比例由竞赛规程规定。

（二）集体表演项目也可以设置其他特别奖项。

集体表演项目设置的特别奖项由竞赛规程规定。

第二十一条　套路完成时间的规定

一、个人项目和对练项目

完成套路时间为50秒至2分钟（太极拳、剑和功法项目除外），运动员演练至1分30秒时，由裁判长鸣哨提示。

二、太极拳项目

（一）太极拳项目。

完成套路时间为4~6分钟，运动员演练至4分钟时，由裁判长鸣哨提示。

（二）太极剑项目。

完成套路时间为3~4分钟，运动员演练至3分钟时，由裁判长鸣哨提示。

三、功法项目

完成套路时间为2~4分钟，运动员演练至2分30秒时，由裁判长鸣哨提示。

四、集体项目

完成套路时间不得超过4分钟。

五、集体武术综艺表演项目

完成套路时间不得超过6分钟。

六、运动员比赛时完成套路的时间以裁判组的秒表所计的时间为依据

运动员比赛时裁判组用2块秒表计时。当运动员完成套路的时间不符合有关规定，同时裁判组的2块秒表所计时间又不相同时，以较接近规定时间的1块表所计时间为准。

七、根据竞赛性质和竞赛内容的不同，可在规程中对完成套路时间做出相应的规定

第二十二条　集体项目人数的规定

集体项目不少于6人，集体表演项目人数不限或按照竞赛规程规定。

第二十三条　配乐

（一）配乐项目按规程规定执行。

（二）凡配乐项目必须使用纯音乐，音乐主题与套路主题相和谐。

（三）动作开始的前奏曲和动作结束后的音乐尾声，须控制在15秒以内；音乐须使用光盘或MP3播放器录制，比赛音乐须独立录制和备份。

（四）各代表队须在配乐项目比赛前第一次检录时，将本队音乐光盘或MP3播放器进行检录，交至放音员处，并配合放音员完成本队比赛音乐播放。

第二十四条　未完成套路规定

运动员未完成套路不予评分。

第二十五条　重做

运动员因主客观原因造成比赛套路中断，可以申请重做一次。重做项目可安排在该类项目最后一名上场，若出现最后一名选手重做，则允许休息5分钟后上场。

第二十六条　服装

（一）裁判员应穿统一的武术裁判服装。

（二）运动员可穿具有运动特色、项目特色、民族特色、时代特色的适合武术运动的比赛服装和武术鞋。

（三）规程可以根据竞赛性质、内容，统一规定运动员的比赛服装。

第二十七条　竞赛场地

（一）个人项目和对练项目的竞赛场地为长14米，宽8米，场地四周内沿应标明5厘米宽的白色边线，场地的长和宽均由边线的外沿开始计算。场地周围至少有2米宽的安全区域。

（二）集体项目的竞赛场地为长16米，宽14米，场地四周内沿应标明5厘米宽的白色边线，场地的长和宽均由边线的外沿开始计算。场地周围至少有1米宽的安全区域。

（三）竞赛场地的地面空间高度不少于8米；两个场地之间的距离在4米以上；场地灯光垂直照度和水平照度应在规定范围之内。

（四）竞赛场地应有明显场地编号标志；场地周围应设置仲裁录像和电子示分屏的位置；场地一侧设置裁判席。所有设置均应保持与场地边线2米以上距离。

（五）裁判席右侧后方运动员临场处，应设置2~4名运动员临场席。

第二十八条　比赛器械

可以使用任何武术器械或由规程规定的器械。

第二十九条　其他比赛设备

根据竞赛规模大小和需要配备摄像机、放像机、电视机和音响设备。

第四章　评分方法与标准

第三十条　竞赛项目评分方法与标准

一、各项目比赛的满分为10分

二、评分方法

（一）裁判员根据运动员现场技术演练发挥的水平，与"等级评分总体要求"的相符程度，按照评分的等级标准，并与其他运动员进行比较，确定运动员的等级分数。在此基础上，减去"其他错误"的扣分即为运动员的得分。裁判员评分可到小数点后2位数，尾数为0~9。

（二）应得分数的确定。

3名裁判员评分时，取3名裁判员评出的运动员得分的平均值为运动员的应得分；4名裁判员评分时，取中间2名裁判员评出的运动员得分的平均值为运动员的应得分；5名裁判员评分时，取中间3名裁判员评出的运动员得分的平均值为运动员的应得分。应得分可取到小数点后2位数，第3位数不做四舍五入。

（三）裁判长对评分的调整。

当评分中出现明显不合理现象时，在示出运动员最后得分之前，裁判长可调整运动员的应得分。裁判长调整分数范围为0.01分至0.05分。如须调整更大幅度方可纠正明显不合理现象时，裁判长须经总裁判长同意，调整分数范围扩大为0.05分至0.1分。

（四）最后得分的确定。

裁判长从运动员的应得分中减去"裁判长的扣分"或加上"裁判长的调整分"，即为运动员的最后得分。

三、评分标准

（一）等级分的评分标准。

1. 技术演练综合评定评分标准。

分为3档9级，其中：8.50~10.00分为优秀；7.00~8.49分为良好；5.00~6.99分为尚可。

2. 等级评分总体要求。

（1）动作规范，方法正确，风格突出。运动员应表现出所演练的拳种及项目的技术特点和风格特点，应包含该项目的主要内容和技法。

（2）劲力顺达，力点准确，动作协调。通过运动员的肢体以及器械应表现出该项目的劲力、方法特点，手、眼、身、法、步配合协调，器械项目要求身、械协调。

（3）节奏恰当，精神贯注，技术熟练。应表现出该项目的节奏特点。

（4）结构严密，编排合理，内容充实。整套动作应与该项目的技术风格保持一致，具有传统性。

（5）武术功法项目应动作规范、松静自然；动作规范，圆活连贯，呼吸顺畅；意念集中，风格突出；连贯圆活，速度适宜，神态自然，呼吸顺畅，意念集中，演练神韵与项目特点融合。

（6）对练项目应内容充实，结构紧凑，动作逼真，风格突出，配合严密，攻防合理。

（7）集体项目应队形整齐，应以该项目的技术为主要内容，突出该项目的风格、特点，配合默契，动作整齐划一，结构恰当，布局匀称，并富于一定的图案变化。

（8）配乐项目应动作与音乐和谐一致，音乐的风格应和该演练项目的技术风格一致，或动作结束时音乐突然中断，缺乏完整性。

（二）裁判员执行的其他错误内容及扣分标准。

1. 遗忘：扣0.1分。

2. 出界：扣0.1分。

3. 失去平衡：晃动、移动、跳动扣0.1分。

4. 器械、服装影响动作：扣0.1分。

5. 器械变形：扣0.1分。

6. 附加支撑：扣0.2分。

7. 器械折断：扣0.3分。

8. 器械掉地：扣0.3分。

9. 倒地：扣0.3分。

10. 对练项目：击打动作落空，扣0.1分；误中对方，扣0.2分；误伤对方，扣0.3分。

11. 以上错误每出现一次，扣一次；在一个动作中，同时发生两种以上其他错误，应累计扣分。

（三）裁判长执行的其他错误内容及扣分标准。

1. 完成套路时间不足或超出的规定。

（1）运动员完成套路时间，凡不足规定时间或超出规定时间在5秒以内（含5秒），扣0.1分；不足规定时间或超出规定时间超过5秒、在10秒以内（含10秒），扣0.2分；不足规定时间或超出规定时间达10秒以上，扣0.3分，最多扣0.3分。

（2）运动员超过规定时间扣分已达0.3分时，裁判长应请运动员立即收势停止比赛。此种情况应视为运动员完成套路。

2. 运动员在规定套路比赛中每漏做或多做一个完整动作，扣0.1分。

3. 运动员因主观原因未完成套路，经裁判长同意可重做一次。运动员重做后，裁判长在其应得分的基础上，扣1分。运动员因客观原因未完成套路，可重做一次，不扣分。

4. 集体项目比赛的人数，少于竞赛规程规定的人数，每少1人，扣0.5分。

5. 配乐不符合竞赛规程规定者，扣0.1分。

6. 传统拳种各流派项目在演练中出现竞技项目《武术套路竞赛规则》中所规定的B级及B级以上的难度动作，每出现一次，扣1分。

第三十一条　表演项目的评定方法与标准

一、评分方法

表演项目的满分为10分。裁判员根据运动员现场发挥的技术和表演水平，按照与"表演项目等级评分的总体要求"相符程度并与其他的表演项目进行比较，确定该项目的等级分。裁判员评分可到小数点后2位数，尾数为0~9。

二、评定标准

（一）技术演练综合评定评分标准。

分为3档9级，其中：8.50~10.00分为优秀；7.00~8.49分为良好；5.00~6.99分为尚可。

（二）表演项目等级评分的总体要求。

1. 以武术技术为主要内容，并能较好地吸收和融合其他艺术形式的元素。

2. 能较好地利用其他艺术的表现手法来烘托武术的技术风格。

3. 结构严密，内容充实，技术熟练，配合默契，主题突出，富于时代气息，充分展现积极、健康、向上的精神风貌。

4. 音乐与主题和动作配合紧密、和谐顺畅。

5. 富有创新意识。

第三十二条　其他

本规则适合于全国及省、市、自治区各级传统武术套路的比赛。对竞赛性质、任务有特殊要求，可在竞赛规程中做出相应规定。